노래따라 단어암기 • 근ㅁ일 초단기 완성

첫말잇기
초등 저학년 영단어
선행학습겸용

박 남 규 지음

저자 **박 남 규**

거창고등학교, 한양대학교 영어영문학과, 한양대학교 대학원(영어학전공) 졸업 후, 25여 년 동안 대학강사, 유명 대입전문학원 영어강사, 일간지 대입수능영어 칼럼리스트, 학원 경영자 등의 활동을 해왔고, 노래따라 첫말잇기 자동암기 평생기억 암기법을 창안하여, 그 방법을 토대로, 유아, 유치원, 초등, 중등, 고등, 수능용 첫말잇기 영단어시리즈와 첫말잇기 영단어와 성구암송 등 다수를 저술했고, 현재는 유빅토리 대표 및 조이보카(JOYVOCA) 외국어연구소 소장으로 출판과 저작활동에 전념하고 있다.

만든 사람들

저자 | 박남규
발행인 | 박남규
발행처 | 유빅토리
인쇄 | 홍진씨앤피(주)
발행 | 2016년 1월 20일
등록 | 제2014-000142호
주소 | 서울특별시 강남구 압구정로 224. 208호 (신사동)

　　　전 화 02) 541-5101　　팩스 02) 541-5103

홈페이지 | www.첫말잇기.com
이메일 | ark5005@hanmail.net

노래따라 단어암기 · 2ㅁ일 초단기 완성

첫말잇기
초등 저학년 영단어
선행학습겸용

박 남 규 지음

하브루타식
자동암기 평생기억

고3 외국어영역 성적이 5~7등급에 지나지 않던, 영어공부와 담쌓았던, 저자의 둘째 아들이 9월말부터 입시 전까지 단 1개월 남짓의 집중 암기로 2014년 대학입시에서, 소위 SKY대학교(본교) 바이오 의공학부 (Bio-Medical Engineering Dept.)에, 수능성적 우수자 우선 선발전형으로 합격할 정도의 놀라운 학습법임이 입증되었다.

유태인의 하브루타 교육법이란?

하브루타는 원래 함께 토론하는 짝, 즉 파트너를 일컫는 말이었는데, 짝을 지어 질문하고 토론하는 교육방법으로 확대 사용되고 있다. 따라서 토론하는 상대방을 말하기도 하고, 짝을 지어 토론하는 행위 자체를 의미하기도 하며, 오늘날은 주로 후자의 경우로 사용되고 있다.

하브루타 교육이란 짝을 지어 질문하고, 대화하며 토론과 논쟁을 통해, 끊임없는 사고 작용을 유발시켜 뇌의 효율적 발달을 자극하는 교육법으로. 유대인 부모들은 자녀들의 뇌의 자극을 위해 어릴 때부터 끊임없이 왜?라는 질문을 던지게 하여, 호기심을 유발시켜 창의적인 사고를 유도한다.

이런 조기의 질의응답식 사고가 다양한 견해, 관점, 시각을 갖게 하여 궁극적으로 창의적인 인재로 성장케 한다. 하브루타는 본래 토론상대와 다른 생각과 다른 시각으로 자신의 견해를 논리적으로 전개하면서 열띤 논쟁을 유도하기 때문에 자연스럽게 창의적 인재양성에 최적의 방법이 되는 셈이다.

이같은 교육이 겨우 600만에 지나지 않는 소수 유대인들이 노벨수상자의 30%를 차지하는 등, 수많은 인재배출로 세계를 호령하게 하는 원동력이 되었다.

노래가사 구절하나하나가 자동암기 내비게이터

케이블 TV와 유명 도서업체들이 출간 즉시 전국 일간신문 인터넷 홈페이지에 수개월 동안 자체 광고로 소개한 기적의 자동암기 평생기억 암기법(Auto-Memorizing Never Forgotten)

수많은 영어학원과 각종 영어 학습도구들이 전국 어디에나 넘쳐날 정도로 전 국민이 영어공부에 몰입되어 있지만, 정작 한국인의 영어구사능력은 전 세계에서 가장 뒤쳐져 있다는 현실은 참으로 안타까운 일이 아닐 수 없다. 투자와 노력만큼 실력이 늘지 않는 것은, 한국인이라면, 모두가 겪고 있는 영어공부의 문제일 것이다. 오랫동안 교육 현장에서, 이런 고질적인 문제의 해법을 찾던 중, 영어공부와는 아예 담쌓고 지내던 저자의 둘째아이가 수능 시험일을 불과 40여일 앞두고 다급하게 도움 요청을 한 것을 계기로, 수년 전부터 생각해 왔던 첫말잇기 방법을 짧은 기간 동안 적용해본 결과, 놀라운 효과를 확인하고, 오랫동안 보다 체계적인 다양한 검증을 거친 후, 자동차 내비게이터가 길을 안내하듯이, 단어암기 내비게이터가 암기와 기억을 자동으로 안내하는 신개념 단어암기법 첫말잇기 자동암기 평생기억법(특허출원번호 10-2014-0023149)을 내놓게 되었다.

아무쪼록, 첫말잇기 영단어암기법이 영어 공부에 어려움을 겪고 있는 모든 분들에게 한줄기 희망의 빛이 되기를 소망하면서 본 교재를 소개한다.

첫말잇기 암기법의 자기주도 학습효과는 역시 놀라웠다.

영어실력이 극히 부진하고 영어에 흥미를 잃은 학생들을 주 대상으로 실험을 했고, 그들 모두가 단기간에 어마어마한 수의 단어를 쉽게 암기했다. 단어의 수가 아무리 많아도, 전혀 부담감을 느끼지 않았고, 암기 후 오랜 시간이 지나도, 암기했던 차례대로 척척 기억해 냈다. 기존에 겪었던 암기에 대한 어려움이나 싫증을 느끼지 않았고, 암기 후에 쉽게 잊어버리지도 않았다. 자발적으로 끊임없이 사고하고 추리하도록 학습에 대한 호기심과 동기를 유발시켜주는 자기주도 학습방법이라는 사실이 입증되었다. 암기내비게이터의 안내에 따라 복습을 되풀이하기도 쉽고, 치매나 기억상실증으로 인해 노래가사를 잊어버리지 않는 한, 그것에 대응된 영단어도 오래오래 기억할 할 수 있는 탁월한 효과가 있었다. 또, 한글을 읽을 수 있는 능력만 있으면, 남녀노소 누구든지 쉽게 암기 가능한 방법이라는 것도 확인되었다.

세계를 호령하는 소수민족 유태인들의 자녀교육방법인 하브루타식 영단어 학습법

암기내비게이터의 안내만 따라가면, 혼자서는 물론이고, 여럿이 함께 낱말게임을 즐기듯이 문답식으로도 자동 암기가 가능하다. 무조건적인 암기가 아니라, 단어암기 내비게이터가 일정한 원리에 따라 자연스럽게, 끊임없이 호기심을 유발시켜, 사고하고 추론하도록 유도한다. 또, 학습상대와 질의 · 응답과 토론을 통해, 학습하는 것을 즐기게 하여, 궁극적으로 창의적인 인재로 키워내는 유태인의 자녀교육 방법인 하브르타방법과 같은 암기방법이라 할 수 있다.

첫말잇기 자동암기(Auto-Memorizing) 평생기억(Never Forgotten) 암기법

암기내비게이터인 노래가사가 암기할 단어와 암기한 단어를 자동 안내하기 때문에, 노래가사만 알면, 암기가 자동으로 이루어지며, 암기한 단어는 영원히 기억 가능한 신개념 학습교재이다.

한 권 전체 또는 수천 개의 단어도 수록된 순서대로 통째 암기 가능한 암기법

암기내비게이터인 노래가사 순서대로 단어가 수록되어 있어서, 수록된 순서대로 암기가능하며, 한 권 전체, 또는 수천 개의 단어도 순서대로 통째 암기 가능한 학습방법이다. 전 국민이 즐겨 암송하는 애국가, 유명동요, 유명가요 등의 노래가사의 글자하나하가 단어암기내비게이터 역할을 하기 때문에 많은 영단어들이 가사 순서대로 자동으로 암기되고 기억된다.

영어공부와 담쌓았던 실패자도 모범적 자기주도 학습자로 치유케 하는 암기법

암기내비게이터의 안내만 따라가면, 굳이 머리 싸매고 공부할 필요 없이, 단시간의 암기로도 수만은 단어의 암기가 가능하기에, 최단기간에 최소의 노력으로 기존의 암기법 보다 몇 배 이상의 많은 단어를 암기할 수 있는 암기법이다. 하면 할수록 공부의 재미가 점점 더해지는 첫말잇기 암기법은, 부지런한 소수 악바리들만 성공 가능했던 어려운 영어공부를, 이제, 자신감을 잃고 포기한 게으른 학습 부진자들에게도 공부의 재미를 회복시켜 모범적인 자기주도 학습자로 거듭나게 하는 학습법이다.

영어왕초보 학부모님도 자녀들의 훌륭한 과외교사가 될 수 있는 학습법

암기내비게이터의 안내만 따라가면, 영어 왕초보 학부모님도, 자녀들을 과외교사나 학원에 맡길 필요 없이, 직접 자녀를 개천의 용으로 양육 가능한, 훌륭한 가정교사가 될 수 있고, 자녀들과 함께 짝을 이뤄 암기하면 부모님도 단기간에 영단어 암기의 달인이 될 수 있는 학습법이다.

선행학습 걱정 끝

암기내비게이터의 안내만 따라가면, 쉽게 암기되기 때문에, 고학년 난이도의 단어를 저학년 학생도 쉽게 암기 가능한 자연스럽고 이상적인 선행학습 방법이다.

게임처럼 즐길 수 있는 생활 친화적 단어암기 놀이 학습법

암기내비게이터의 안내만 따라가면, 혼자는 물론이고, 온가족이 함께 할 수도 있고, 부모와 자녀, 또는 친구나 주변의 누구와도 함께 암기할 수 있으며, 마치 유치원이나 초등학교에서 반 전체가 합창으로 구구단을 외우듯이, 즐겁고 신나게 공부할 수 있어서, 어렵고 힘들고 싫어도, 억지로 해야만 하는 영단어공부가 아니라, 노래하며 즐길 수 있는 생활 친화적 단어암기 놀이이다.

단어암기, 영어회화, 읽기, 쓰기 등을 동시에 해결 가능한 학습교재

암기내비게이터의 안내만 따라가면, 첫말잇기 방식으로 수록된 주요 영어 구문들과 회화표현들도 함께 공부할 수 있는, 단어장인 동시에 영어회화 교재이며, 영어 에세이 학습교재로도 활용될 수 있다.

교포2세의 모국어 학습교재

한국어를 구사할 수 없는 교포2세들의 한글공부는 물론이고 애국가, 우리나라 동요, 시조 등 모국의 문화를 자연스럽게 접할 수 있는 학습용교재로 활용하기에 아주 좋은 방식으로 구성되어 있다

기존 단어장보다 3배 이상 더 많은 단어 수록

기존 단어장 한 페이지에는 겨우 4~6개의 단어만 수록되어 있고, 나머지 80% 이상의 공간은 단어 이외의 예문이나 파생어 등으로 가득 채워져 있다. '예문이나 파생어를 활용하면 암기나 기억에 더 효율적일수도 있지 않을까'하는 막연한 기대감의 반영이겠지만, 이는 단순히 책 페이지만 늘일 뿐이며, 영단어 암기하기도 어려운데 예문까지 암기해야 하는 이중고만 겪게 하고, 그야말로 영어 공부에 학을 떼게 하는 고문일 뿐만 아니라, 기대했던 효과를 얻기는 어렵다. 사실 학습자들은 이런 부수적인 내용들에는 십중팔구 눈길조차 주지 않는다. 그러나 첫말잇기 암기법은 이런 소모적인 문제를 걱정할 필요가 없으며, 같은 두께의 책에 다른 단어장들보다 3~4배 이상의 단어가 수록되어 있다.

영어공부에 대한 과거의 트라우마 때문에, 영어책을 다시 펼치기조차 두려운, 자신감이 극도로 위축된 기존의 많은 영어 패배자들에게도, 첫말잇기 영단어암기법이 잃었던 자신감과 흥미의 불씨를 되살리는 부싯돌이 되기를 바란다.

저자 박 남규

어제 왕초보 오늘은 암기달인 학습법

첫말잇기 영단어는 이렇게 구성되어 있습니다!

01 암기내비게이터로 자동암기 평생기억!
첫말잇기 게임식 단어장

암기내비게이터인 노래가사가 암기할 단어뿐만 아니라 그 전후의 단어까지도 알려주는 **자동암기**(Auto-Memorizing) **평생기억**(Never Forgotten)법으로 구성되어 있다.

애국가, 인기 동요, 가요, 속담, 시조 등의 구절하나하나가 암기내비게이터 역할을 하도록 왼쪽에 세로로 나열하고, 그 오른쪽에는, 암기내비게이터 구절과 동일한 뜻의 영단어나 영어회화표현을 각각 대응시켜 노래가사 순서에 따라 첫말잇기 게임식으로 구성되어 있어서, 암기할 단어뿐만 아니라, 그 전후에 있는 이미 암기한 단어와 다음에 암기할 단어까지도 자동으로 예측할 수 있게 했다.

02 영단어와 영어회화를 동시에~

우리말 노래가사의 뜻 그대로가 첫말잇기식으로 영단어와 영어회화로 수록되어 있어서 노래를 부르면서 단어와 영어회화를 동시에 학습할 수 있게 했다.

03 영어로 표현할 수 없는 인물 이름도
첫말잇기식으로!

    영단어나 회화로 표현할 수 없는 우리말 가사(예 ; 한국을 빛낸 100인 가사 중 반복되는 사람이름)에는 그 이름 첫 글자로 시작하는 발음이나 뜻을 지닌 영단어를 대응시켜 첫말잇기 게임식으로 구성했다.

04 필수암기 속담 수록
초 중등과정 필수영어회화 수록

    단어장의 곳곳에 초 중등과정의 많은 필수 속담과 주요 영어회화 표현들이 수록되어 있어 단어장은 물론이고 회화교재로도 함께 활용할 수 있다.

05 발음기호 몰라도 OK!
어린이도 혼자서 쉽게 발음 가능!

    각 단어 아래에 발음기호뿐만 아니라, 우리말 발음도 가능한 한 영어발음에 가깝게 함께 표기했고, 단어의 액센트가 있는 부분은 붉은색(제 1강세)과 녹색(제2 강세)으로 표기했다.

06 동영상 활용으로
보다 효율적인 암기

    QR코드를 통해 블로그에 접속해서 다양한 서비스를 이용할 수 있다.

07 암기 동영상으로
푸짐한 선물 받기!

    게임이나 율동 등으로 구성된 단어암기 동영상을 블로그에 올려 주시면 매달 우수 동영상에 선정된 분들께 소정의 선물을 제공함.

첫말잇기 단어장-초등 저학년용

차례보기

첫말잇기 단어장-초등 저학년용
차례보기

초등 저학년

① 애국가 1절

동해물과

백두산이

마르고 닳도록

하느님이

보우하사

우리나라 만세

무궁화 삼천리

화려강산

대한사람 대한으로

길이 보전하세

1	**동**해물과	동해	**east sea** 이-스트 시
2	**백**두산이	백두산	**Mount Pakdu** 마운트 백두
3	**마**르고	마른, 건조한 ; 형 마르다, 동 건조하다	**dry** [drai] 드라이
4	**닳**도록	닳아빠진, 형 야윈, 초췌한	**worn** [wɔːrn] 워-언
5	**하**느님이	하느님, 신 명	**God** [gɑd] 갓

6	보우하사	보우, 보호, 도움	명	help [help] 헬프
7	우리나라	우리나라		our country 아우어 컨츠리
8	만세	만세, 환호, 갈채, 응원	명	cheer [tʃiər] 치어
9	무궁화	무궁화, 샤론의 장미		rose of Sharon 로즈 어브 세런
10	삼천리	삼천		three thousands 뜨리 따우전즈

초등 저학년

11 **화**려강산	화려강산, 아름다운 강산	colorful land 컬러뻘 랜드
12 **대**한사람	대한사람, 한국인	명 Korean [kəríːən, kouríːən] 커리-언, 코리-언
13 **대**한으로	대한민국	명 Korea [kəríːə, kouríːə] 커리어, 코우리어
14 **길**이	길이, 오래도록	for a long time 뽀 러 롱 타임
15 **보**전하세	보전하다, 유지하다, 지키다	동 keep [kiːp] 키-잎

어제는 왕초보 오늘은 암기달인 초등 저학년용

② 애국가 2절

남산위에

저 소나무

철갑을 두른 듯

바람 서리

불변함은

우리 기상일세

무궁화 삼천리

화려강산

대한사람 대한으로

길이 보전하세

1 **남** 산위에	남산	**south mountain** 사우스 마운틴
2 **저** 소나무	저 소나무	**that pine tree** 댓 파인 츠리
3 **철** 갑을	철갑	**iron armor** 아이언 아머
4 **두** 른 듯	두르다, 감싸다, 포장하다 동	**wrap** [ræp] 랩
5 **바** 람	바람, 강풍 명	**wind** [wind] 윈드

6	**서** 리	서리	⑲ **frost** [frɔːst] 쁘로-스트
7	**불** 변함은	불변하는, 변하지 않는	⑲ **unchanged** [ʌntʃéindʒd] 언체인지드
8	**우** 리 기상일세	우리 기상, 우리 정신	**our spirit** 아우어 스삐릿
9	**무** 궁화	무궁화, 샤론의 장미	**rose of Sharon** 로즈 어브 세런
10	**삼** 천리	삼천	**three thousands** 뜨리 따우전즈

11 **화**려강산	화려강산, 아름다운 강산	colorful land 컬러뻘 랜드
12 **대**한사람	대한사람, 한국인	명 Korean [kərí:ən, kourí:ən] 커리-언, 코리-언
13 **대**한으로	대한민국	명 Korea [kərí:ə, kourí:ə] 커리어, 코우리어
14 **길**이	길이, 오래도록	for a long time 뽀 러 롱 타임
15 **보**전하세	보전하다, 유지하다, 지키다	동 keep [ki:p] 키-잎

속 담   실패는 성공의 어머니

1 **실**패는	실패, 부족, 결핍	명	**failure** [féiljər] 뻬일려
2 **성**공의	성공, 성취, 출세	명	**success** [səksés] 석세스
3 **어**머니	어머니, 원천, 근원	명	**mother** [mʌ́ðəːr] 마더-

초등 저학년

속 담   까마귀 날자 배 떨어진다.

1	까마귀	까마귀	명	**crow** [krou] 크로우
2	날자	날다, 비행하다, 뜨다	동	**fly** [flai] 쁠라이
3	배	배, 서양배	명	**pear** [pɛər] 페어
4	떨어진다	떨어지다, 넘어지다		**fall down** 뽀―올 다운

3 애국가 3절

가을하늘
공활한데
높고 구름 없이
밝은 달은
우리 가슴
일편단심일세
무궁화 삼천리
화려강산
대한사람 대한으로
길이 보전하세

1	**가**을하늘	가을하늘	autumn sky 오-텀 스까이
2	**공**활한데	공활한, 넓은, 광대한 ⑲	wide [waid] 와이드
3	**높**고	높이, 고도, 키 ⑲	height [hait] 하이트
4	**구**름 없이	구름 없는, 맑게 갠, 밝은 ⑲	cloudless [kláudlis] 클라우들리스
5	**밝**은 달은	밝은 달, 환한 달	bright moon 브라잇 무운

6	우리 가슴 우리 가슴	**our chest** 아우어 체스트
7	일편단심일세 일편단심, 한마음	**one mind** 원 마인드
8	무궁화 무궁화, 샤론의 장미	**rose of Sharon** 로즈 어브 세런
9	삼천리 삼천	**three thousands** 뜨리 따우전즈
10	화려강산 화려강산, 아름다운 강산	**colorful land** [kʌ́lərfəl] 컬러뻘 랜드

11	**대**한사람	대한사람, 한국인	명	**Korean** [kərí:ən, kourí:ən] 커리-언, 코리-언
12	**대**한으로	대한민국	명	**Korea** [kərí:ə, kourí:ə] 커리어, 코우리어
13	**길**이	길이, 오래도록		**for a long time** 뽀 러 롱 타임
14	**보**전하세	보전하다, 유지하다, 지키다	동	**keep** [ki:p] 키-잎

4 애국가 4절

이 기상과
이 맘으로
충성을 다하여
괴로우나
즐거우나
나라 사랑하세
무궁화 삼천리
화려강산
대한사람 대한으로
길이 보전하세

1	**이** 기상과	이 기상, 이 정신	**this spirit** 디스 스삐릿
2	**이** 맘으로	이 맘, 이 마음	**this mind** 디스 마인드
3	**충** 성을	충성, 성실, 충실 ⑲	**loyalty** [lɔ́iəlti] 로이열디
4	**다** 하여	다하다, 최선을 다하다	**do one's best** 두-완즈 베스트
5	**괴** 로우나	괴로운, 아픈, 힘든 ⑲	**painful** [péinfəl] 페인쁠

6	**즐**거우나	즐거움, 기쁨	몡	pleasure [pléʒər] 플레저
7	**나**라	나라, 국가, 국토, 시골	몡	country [kʌ́ntri] 컨츠리
8	**사**랑하세	사랑, 애정, 호의	몡	love [lʌv] 러브
9	**무**궁화	무궁화, 샤론의 장미		rose of Sharon 로즈 어브 세런
10	**삼**천리	삼천		three thousands 뜨리 따우전즈

초등 저학년

11	**화** 려강산	화려강산, 아름다운 강산	**colorful land** 컬러뻘 랜드
12	**대** 한사람	대한사람, 한국인	몡 **Korean** [kərí:ən, kourí:ən] 커리-언, 코리-언
13	**대** 한으로	대한민국	몡 **Korea** [kərí:ə, kourí:ə] 커리어, 코리어
14	**길** 이	길이, 오래도록	**for a long time** 뽀 러 롱 타임
15	**보** 전하세	보전하다, 유지하다, 지키다	동 **keep** [ki:p] 키-잎

5 뽀뽀뽀

아빠가 출근할 때
뽀뽀뽀
엄마가 안아줘도
뽀뽀뽀
만나면 반갑다고
뽀뽀뽀
헤어질 때 또 만나요
뽀뽀뽀
우리는 귀염둥이
뽀뽀뽀 친구

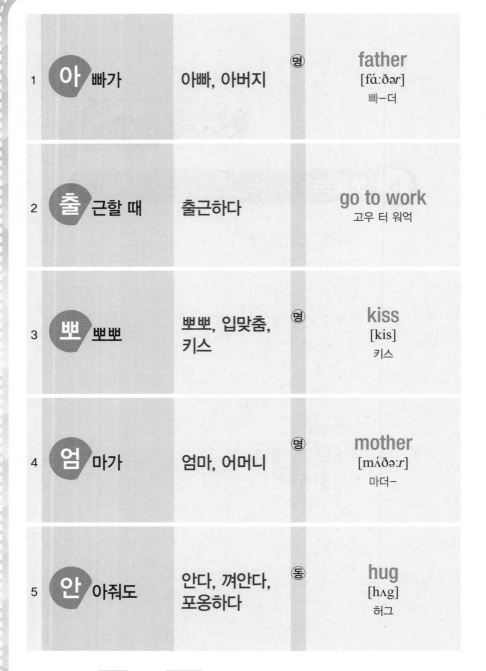

1	**아**빠가	아빠, 아버지	명 **father** [fáːðər] 빠-더
2	**출**근할 때	출근하다	**go to work** 고우 터 워억
3	**뽀**뽀	뽀뽀, 입맞춤, 키스	명 **kiss** [kis] 키스
4	**엄**마가	엄마, 어머니	명 **mother** [mʌ́ðəːr] 마더-
5	**안**아줘도	안다, 껴안다, 포옹하다	동 **hug** [hʌg] 허그

6	**뽀** 뽀뽀	**뽀뽀, 입맞춤, 키스** 명	**kiss** [kis] 키스
7	**만** 나면	**만남, 모임, 면회** 명	**meeting** [míːtiŋ] 미-딩
8	**반** 갑다고	**반갑다 만나서! 만나서 반가워!**	**Nice to meet you!** 나이스 터 미츄!
9	**뽀** 뽀뽀	**뽀뽀, 입맞춤, 키스** 명	**kiss** [kis] 키스
10	**헤** 어질 때	**헤어지다** 동	**part** [pɑːrt] 파-트

11	**또** 만나요	또 만나요! 다시 만나!	See you again! 시 유 어겐
12	**뽀** 뽀뽀	뽀뽀, 입맞춤, 키스 ㉳	kiss [kis] 키스
13	**우** 리는	우리, 우리 모두	all of us 얼 어브 어스
14	**귀** 염둥이	귀염둥이, 사랑스런 아이	cute boy / girl 큐-트 보이 / 걸
15	**뽀** 뽀뽀	뽀뽀, 입맞춤, 키스 ㉳	kiss [kis] 키스

| 16 | 친구 | 친구, 벗 | 명 | friend
[frend]
쁘렌드 |

속 담   손뼉도 마주쳐야 소리가 난다.

1	손뼉도	손뼉, 손바닥	명	palm [pɑːm] 파-암
2	마주쳐야	마주치다, 부딪치다, 충돌하다	동	bump [bʌmp] 범프
3	소리가 난다	소리, 음, 울림	명	sound [saund] 사운드

속 담   말 한마디가 천 냥 빚도 갚는다.

1	**말**	말, 대화, 이야기, 담화	명	talking [tɔ:kiŋ] 토-킹
2	**한** 마디가	한마디		a single word 어 싱글 워-드
3	**천** 냥 빚도	천 냥 빚, 많은 빚		much debt 머치 뎃
4	**갚** 는다	갚다, 상환하다, 지불하다	동	pay [pei] 페이

6 개구리 왕눈이

개구리 소년
네가 울면
무지개 연못에
비가 온단다
비바람 몰아쳐도
일어나라
울지 말고
일어나
피리를 불어라

1	**개** 구리	개구리	⑲ **frog** [frɔːg, frɑg] 쁘로-그, 쁘라그
2	**소** 년	소년	⑲ **boy** [bɔi] 보이
3	**네** 가 울면	네가 울면, 네가 울 때	**When you cry** 웬 유 크라이
4	**무** 지개	무지개	⑲ **rainbow** [réinbòu] 레인보우
5	**연** 못에	연못, 늪	⑲ **pond** [pɑnd] 판드

6	**비** 가 온단다	비가 오다, 비가 내리다 동	**rain** [rein] 레인
7	**비** 바람	비바람	**rain and wind** 레인 앤 윈드
8	**몰** 아쳐도	몰아치다, 세차게 불다	**blow hard** 블로우 하-드
9	**일** 어나라	일어나라! 일어나!	**Stand up!** 스땐 덥
10	**울** 지 말고	울지 마라.	**Don't cry.** 도운 크라이

초등 저학년

11	**일**어나	일어나라! 일어나!	**Stand up** 스땐 덥
12	**피**리를 불어라	피리를 불어라!	**Play the flute!** 플레이 더 쁠루-트

7 코끼리 아저씨

코끼리 아저씨는
코가 손이래
과자를 주면은
코로 받지요
코끼리 아저씨는
소방수래요
불나면 빨리 와
모셔가지요

1	**코**끼리	코끼리	명 **elephant** [éləfənt] 엘러쁀트
2	**아**저씨는	아저씨, 숙부, 외삼촌	명 **uncle** [ʌ́ŋkəl] 엉클
3	**코**가	코, 후각	명 **nose** [nouz] 노우즈
4	**손**이래	손, 시계바늘	명 **hand** [hænd] 핸드
5	**과**자를	과자, 과자류	명 **snack** [snæk] 스낵

6	**주** 면은	주다, 먹을 것을 주다	동	**give** [giv] 기브
7	**코** 로	코, 후각	명	**nose** [nouz] 노우즈
8	**받** 지요	받다, 잡다, 쥐다	동	**take** [teik] 테익
9	**코** 끼리	코끼리	명	**elephant** [éləfənt] 엘러쁀트
10	**아** 저씨는	아저씨, 숙부, 외삼촌	명	**uncle** [ʌ́ŋkəl] 엉클

초등 저학년

11	**소**방수래요	소방수, 소방관	**fire fighter** 빠이어 빠이러
12	**불**나면	불, 화재, 화염	몡 **fire** [faiər] 빠이어
13	**빨**리 와	빨리 와, 급히 와, 얼른 와	**Come quickly** 컴 퀵클리
14	**모**셔가지요	모시다, 섬기다	동 **serve** [səːrv] 서-브

8 둥근 해가 떴습니다

둥근 해가 떴습니다
자리에서 일어나서
제일 먼저 이를 닦자
윗니 아랫니 닦자
세수할 때는 깨끗이
이쪽 저쪽 목 닦고
머리 빗고 옷을 입고
거울을 봅니다
꼭꼭 씹어 밥을 먹고
가방 메고 인사하고
유치원에 갑니다
씩씩하게 갑니다

1	**둥**근 해가	둥근 해	**round sun** 라운드 선
2	**떴**습니다	뜨다, 솟아오르다 ⑧	**rise** [raiz] 라이즈
3	**자**리에서	자리, 잠자리, 침대 ⑲	**bed** [bed] 베드
4	**일**어나서	일어나! 기상!	**Get up!** 게 덥
5	**제**일 먼저	제일 먼저, 맨 먼저 ⑴	**first** [fəːrst] 뻐-스트

6	**이**를 닦자	이, 이빨	명 **tooth** [tuːθ] 투-뜨
7	**윗**니	윗니	**upper teeth** 어퍼 티-뜨
8	**아**랫니	아랫니	**lower teeth** 로우어 티뜨
9	**닦**자	닦다 ; 솔, 솔질, 붓	동 명 **brush** [brʌʃ] 브러시
10	**세**수할 때는	세수, 세탁 ; 씻다, 세탁하다	명 동 **wash** [waʃ, wɔ(ː)ʃ] 와시, 워시

초등 저학년

11	**깨**끗이	깨끗한, 청결한, 순수한	형	**clean** [kliːn] 클리-인
12	**이**쪽 저쪽	이쪽저쪽, 여기저기		**here and there** 히어 랜 데어
13	**목**닦고	목, 옷깃, 목덜미	명	**neck** [nek] 넥
14	**머**리 빗고	머리카락, 머리털	명	**hair** [hɛər] 헤어
15	**옷**을 입고	옷, 의복, 세탁물	명	**clothes** [klouðz] 클로우즈

16	**거**울을	거울, 반사경	명	mirror [mírər] 미러
17	**봅**니다	보다, 들여다 보다		look into 룩 인투
18	**꼭**꼭 씹어	꼭꼭 씹다	동	chew [tʃuː] 추–
19	**밥**을 먹고	밥, 쌀밥, 쌀	명	rice [rais] 라이스
20	**가**방 메고	가방, 백, 자루, 부대	명	bag [bæg] 배그

21	인 사하고	인사, 환영, 인사말	명	greeting [gríːtiŋ] 그리-딩
22	유 치원에	유치원	명	kindergarten [kíndərgàːrtn] 킨더가-든
23	갑 니다	가다, 향하다, 떠나다	동	go [gou] 고우
24	씩 씩하게	씩씩하게, 용감하게	부	bravely [bréivli] 브레이블리
25	갑 니다	가다, 향하다, 떠나다	동	go [gou] 고우

9 아기염소

파란하늘 파란하늘
꿈이 드리운 푸른 언덕에
아기염소 여럿이
풀을 뜯고 놀아요
해처럼 밝은 얼굴로
빗방울이 뚝뚝뚝뚝
떨어지는 날에는
잔뜩 찡그린 얼굴로
엄마 찾아 음매
아빠 찾아 음매
울상을 짓다가
해가 반짝 곱게 피어나면
너무나 기다렸나 봐
폴짝폴짝 콩콩콩
흔들흔들 콩콩콩
신나는 아기 염소들

1	**파**란하늘	파란하늘, 맑은 하늘		**blue sky** 블루 스까이
2	**파**란하늘	파란하늘, 맑은 하늘		**blue sky** 블루 스까이
3	**꿈**이 드리운	꿈, 희망, 잠	명	**dream** [dri:m] 드리-임
4	**푸**른	푸른, 녹색의, 초록의	형	**green** [gri:n] 그리-인
5	**언**덕에	언덕, 작은 산, 구릉	명	**hill** [hil] 힐

6	**아**기염소	아기염소, 어린 염소		young goat 영 고웃
7	**여**럿이	여럿이, 많이, 다수	명	many [méni] 메니
8	**풀**을 뜯고	풀, 잔디, 풀잎, 풀밭	명	grass [græs] 그래스
9	**놀**아요	놀다, 놀이하다	동	play [plei] 플레이
10	**해**처럼	해처럼, 해같이		like sun 라이크 선

초등 저학년

11	**밝**은	밝은, 빛나는, 투명한	형	**bright** [brait] 브라잇
12	**얼**굴로	얼굴, 얼굴모습, 표정	명	**face** [feis] 뻬이스
13	**빗**방울이	빗방울, 낙숫물	명	**raindrop** [réindràp] 레인드랍
14	**뚝**뚝뚝뚝	(눈물 등이) 뚝뚝, 방울방울		**drop by drop** 드랍 바이 드랍
15	**떨**어지는	떨어지다 ; 낙하, 하락 ; 가을	동 명	**fall** [fɔːl] 뽀-올

16	**날**에는	날, 하루, 낮	명 **day** [dei] 데이
17	**잔**뜩	잔뜩, 심하게, 몹시	부 **heavily** [hévili] 헤빌리
18	**찡**그린	찡그린, 찌푸린	형 **frowned** [fraund] 쁘라운드
19	**얼**굴로	얼굴, 얼굴모습, 표정	명 **face** [feis] 쁴이스
20	**엄**마 찾아	엄마, 어머니	명 **mother** [mʌðəːr] 마더-

21	음 매	음매하고 울다	동	**moo** [mu:] 무-
22	아 빠 찾아	아빠, 아버지	명	**father** [fɑ́:ðər] 빠-더
23	음 매	음매하고 울다	동	**moo** [mu:] 무-
24	울 상을 짓다가	울상, 우는 얼굴		**crying face** 크리잉 뻬이스
25	해 가 반짝	해, 태양, 햇빛	명	**sun** [sʌn] 썬

26	**곱**게	곱게, 아름답게, 예쁘게	㊟	**beautifully** [bjú:təfəli] 뷰-러삐리
27	**피**어나면	피어나다, 밝게 빛나다	㊟	**blaze** [bleiz] 블레이즈
28	**너**무나	너무나, 너무, 아주, 매우		**so much** 소우 머치
29	**기**다렸나봐	기다리다, 대기하다	㊟	**wait** [weit] 웨잇
30	**폴**짝폴짝	폴짝폴짝 뛰다, 깡충 뛰다	㊟	**hop** [hɑp] 합

초등 저학년

31	콩 콩콩	콩콩 발구르기, 쿵쿵 짓밟기 (명)	stamp [stæmp] 스땜프
32	흔 들흔들	흔들다, 흔들어 움직이다 (동)	rock [rɑk] 락
33	콩 콩콩	콩콩 발구르기, 쿵쿵 짓밟기 (명)	stamp [stæmp] 스땜프
34	신 나는	신나는, 즐거운, 재미있는 (형)	amusing [əmjú:ziŋ] 어뮤-징
35	아 기염소들	아기염소, 어린 염소	young goat 영 고웃

⑩ 곰 세 마리

곰 세 마리가
한 집에 있어
아빠 곰
엄마 곰
애기 곰
아빠 곰은
뚱뚱해
엄마 곰은
날씬해
애기 곰은
너무 귀여워
으쓱으쓱
잘한다

1	**곰** 세 마리가	곰 세마리, 세마리의 곰	**three bears** 뜨리 베어즈
2	**한** 집에 있어	한 집, 같은 집	**the same house** 더 세임 하우스
3	**아** 빠 곰	아빠 곰	**father bear** 빠-더 베어
4	**엄** 마 곰	엄마 곰	**mother bear** 마더- 베어
5	**애** 기 곰	애기 곰	**baby bear** 베이비 베어

6	**아**빠 곰은	아빠 곰	**father bear** 빠-더 베어
7	**뚱**뚱해	뚱뚱한, 비대한, 살찐 ⑧	**fat** [fæt] 팯
8	**엄**마 곰은	엄마 곰	**mother bear** 마더- 베어
9	**날**씬해	날씬한 ⑧	**slender** [sléndə:r] 슬렌더-
10	**애**기 곰은	애기 곰, 아기 곰	**baby bear** 베이비 베어

11	**너** 무 귀여워	너무 귀여운, 너무 예쁜	**so cute** 소우 큐-웃
12	**으** 쓱으쓱	으쓱이는, 뽐내는, 잘난 체하는 ⟨형⟩	**proud** [praud] 프라우드
13	**잘** 한다	잘한다! 잘했어!	**good job!** 굿 잡

⑪ 개울가에 올챙이

개울가에
올챙이 한마리
꼬물꼬물
헤엄치다
뒷다리가 쑤욱
앞다리가 쑤욱
팔딱팔딱
개구리됐네

1	개 울가에	개울, 시내, 흐름	명 **stream** [stri:m] 스뜨리-임
2	올 챙이 한마리	올챙이	명 **tadpole** [tǽdpòul] 태포울
3	꼬 물꼬물	꼬물대다, 꿈틀거리다	동 **wriggle** [ríg-əl] 리글
4	헤 엄치다	헤엄, 수영	명 **swimming** [swímiŋ] 스위밍
5	뒷 다리가 쑤욱	뒷다리	**hind leg** 하인드 레그

6	**앞** 다리가 쑤욱	앞다리	명 **foreleg** [fɔ́:rlèg] 뽀—올레그
7	**팔** 딱팔딱	팔딱 뛰다, 깡충 뛰어오르다	동 **jump** [dʒʌmp] 점프
8	**개** 구리 됐네	개구리	명 **frog** [frɔːg, frɑg] 쁘로—그, 쁘라그

초등 저학년

속 담   믿는 도끼에 발등 찍힌다.

1	**믿**는	믿다, 신용하다, 여기다	동	**believe** [bilíːv, bəlíːv] 빌리-브, 벌리브
2	**도**끼에	도끼	명	**ax** [æks] 액스
3	**발**등	발등	명	**instep** [ínstèp] 인스뗍
4	**찍**힌다	찍다, 자르다, 베다	동	**cut** [kʌt] 컷

⑫ 앞으로

앞으로 앞으로
앞으로 앞으로
지구는 둥그니까
자꾸 걸어 나가면
온 세상 어린이들
다 만나고 오겠네
온 세상 어린이가
하하하하 웃으면
그 소리 들리겠네
달나라까지
앞으로 앞으로
앞으로 앞으로

1	**앞**으로	앞으로, 전방으로	부 **forward** [fɔ́:rwəːrd] 뽀-워-드
2	**앞**으로	앞으로, 전방으로	부 **forward** [fɔ́:rwəːrd] 뽀-워-드
3	**앞**으로	앞으로, 전방으로	부 **forward** [fɔ́:rwəːrd] 뽀-워-드
4	**앞**으로	앞으로, 전방으로	부 **forward** [fɔ́:rwəːrd] 뽀-워-드
5	**지**구는	지구, 대지, 흙, 땅	명 **earth** [əːrθ] 어-뜨

6	**둥**그니까	둥근, 둥근 원형, 원 ㉱	**round** [raund] 라운드
7	**자**꾸	자꾸, 계속해서, 끊임없이 ㉲	**continuously** [kəntínjuəsli] 컨티뉴어슬리
8	**걸**어	걸어가다, 걷다 ㉯	**walk** [wɔ:k] 워-크
9	**나**가면	나아가다, 앞으로 나아가다 ㉯	**proceed** [prousí:d] 프로시-드
10	**온**세상	온 세상	**the whole world** 더 호울 월드

11	**어**린이들	어린이들, 아이들	명 **children** [tʃíldrən] 칠드런
12	**다** 만나고	다, 모두, 전부, 모든 사람	명 **everyone** [évri:wʌ̀n] 에브리원
13	**오** 겠네	오다, 되돌아오다	**come back** 컴 백
14	**온** 세상	온 세상, 전 세계	**the whole world** 더 호울 월드
15	**어** 린이가	어린이, 아이	명 **child** [tʃaild] 차일드

16	하 하하하	하하하하 웃다	동	laugh [læf] 래쁘
17	웃 으면	웃음, 미소 ; 웃다, 미소짓다	명 동	smile [smail] 스마일
18	그 소리	그 소리		that sound 댓 사운드
19	들 리겠네	들리다, 듣다	동	hear [hiər] 히어
20	달 나라까지	달나라, 달	명	moon [muːn] 무–운

21	**앞**으로	앞으로, 전방으로	부	**forward** [fɔ́:rwəːrd] 뽀-워-드
22	**앞**으로	앞으로, 전방으로	부	**forward** [fɔ́:rwəːrd] 뽀-워-드
23	**앞**으로	앞으로, 전방으로	부	**forward** [fɔ́:rwəːrd] 뽀-워-드
24	**앞**으로	앞으로, 전방으로	부	**forward** [fɔ́:rwəːrd] 뽀-워-드

13 루돌프 사슴 코

루돌프 사슴 코는
매우 반짝이는 코
만일 네가 봤다면
불붙는다 했겠지
다른 모든 사슴들
놀려대며 웃었네
가엾은 저 루돌프
외톨이가 되었네
안개 낀 성탄절 날
산타 말하길
루돌프 코가 밝으니
썰매를 끌어주렴
그 후론 사슴들이
그를 매우 사랑했네
루돌프 사슴 코는
길이길이 기억되리

1	**루**돌프	루돌프	때 **Rudolf** [rú:dɑlf] 루ー달쁘
2	**사**슴 코는	사슴 코	**deer's nose** 디어즈 노우즈
3	**매**우	매우, 대단히, 몹시, 무척	부 **very** [véri] 베리
4	**반**짝이는 코	반짝이다, 빛나다	동 **twinkle** [twíŋk-əl] 트윙클
5	**만**일	만일, 만약 ～이면	접 **if** [if] 이쁘

6	네가	네가, 너, 당신이	대	you [juː] 유-
7	봤다면	봤다, 보다, 고찰하다		look at 룩 앳
8	불 붙는다	불, 화재, 화염, 연소 ; 불붙다	명 동	fire [faiər] 빠이어
9	했겠지	하다, 표현하다 말하다	동	express [iksprés] 익스프레스
10	다른	다른, 그 밖의, 다른 사람	형 명	other [ʌðər] 아더

11	모 든	모든, 모두, 온갖, 다	형	every [évri:] 에브리-
12	사 슴들	사슴	명	deer [diə*r*] 디어
13	놀 려대며	놀리다, 농담하다		make fun of 메익 뻔 어브
14	웃 었네	웃다, 재미있어 하다, 비웃다	동	laugh [læf] 래쁘
15	가 엾은	가엾은, 불쌍한, 가난한	형	poor [puə*r*] 푸어

16	**저** 루돌프	저 루돌프		**that Rudolf** 댓 루 – 달쁘
17	**외** 톨이가	외톨이, 독신자, 혼자	명	**single** [síŋg-əl] 싱글
18	**되** 었네	되다, 〜이 되다, 어울리다	동	**become** [bikÁm] 비컴
19	**안** 개 낀	안개, 연무, 흐림	명	**fog** [fɔ(ː)g] 뽀그
20	**성** 탄절 날	성탄절, 크리스마스	명	**Christmas** [krísməs] 크리스머스

21	**산**타	산타클로스	명	**Santa Clausus** [sǽntəklɔ́ːz] 샌터클로-즈
22	**말**하길	말하다, 이야기하다	동	**say** [sei] 세이
23	**루**돌프	루돌프	대	**Rudolf** [rúːdalf] 루-달쁘
24	**코**가	코, 후각	명	**nose** [nouz] 노우즈
25	**밝**으니	밝은, (반짝반짝) 빛나는	형	**bright** [bráit] 브라잇

26	**썰**매를	썰매, 소형 썰매	명	**sled** [sled] 슬레드
27	**끌**어 주렴	끌다, 당기다, 끌어당기다	동	**pull** [pul] 풀
28	**그**후론	그 후, 그 뒤		**after that** 애쁘떠 댓
29	**사**슴들이	사슴	명	**deer** [diər] 디어
30	**그**를	그를, 그 사람을	대	**him** [him] 힘

초등 저학년

31	매우	매우, 무척, 아주		very much 베리 머치
32	사랑했네	사랑하다, 좋아하다 ; 사랑	동 명	love [lʌv] 러브
33	루돌프	루돌프	대	Rudolf [rú:dalf] 루- 달쁘
34	사슴코는	사슴	명	deer [diər] 디어
35	길이 길이	길이길이, 영원히, 영구히	부	forever [fərévə:r] 뻐레버-

| 36 | **기** 억되리 | 기억하다,
생각해내다 | 동 | **remember**
[rimémbə:r]
리멤버- |

속 담   낫 놓고 기역자도 모른다.

1	**낫** 놓고	낫, 작은 낫	명	**sickle** [sík-əl] 시-클
2	**기** 역자도	기억, 기억력	명	**memory** [méməri] 메머리
3	**모** 른다	모르는, 무지한, 무식한	형	**ignorant** [ígnərənt] 이그너런트

초등 저학년

속 담 바늘 도둑이 소도둑 된다.

1	**바**늘	바늘, 바느질 바늘	명 **needle** [níːdl] 니-들
2	**도**둑이	도둑, 도적, 좀도둑	명 **thief** [θiːf] 띠-쁘
3	**소**도둑	소도둑	**cattle thief** 캐를 띠-쁘
4	**된**다	된다, 변하다, 바뀌다	동 **change** [tʃeindʒ] 체인지

14 과수원 길

동구 밖

과수원길

아카시아꽃이

활짝 폈네

하얀 꽃 이파리

눈송이처럼 날리네

향긋한 꽃냄새가

실바람타고 솔솔

둘이서 말이 없네

얼굴 마주보며 생긋

아카시아꽃 하얗게 핀

먼 옛날의

과수원길

자동암기 평생기억 (Auto-Memorizing Never Forgotten) | 85

1	**동**구 밖	동구, 동네, 마을	명 **village** [vílidʒ] 빌리지
2	**과** 수원길	과수원	명 **orchard** [ɔ́:rtʃərd] 오-처드
3	**아** 카시아꽃이	아카시아	명 **acacia** [əkéiʃə] 어케이셔
4	**활** 짝폈네	활짝 핌, 개화, 만개	명 **blossom** [blásəm] 블라섬
5	**하** 얀 꽃	하얀 꽃	**white flower** 와이트 쁠라워

6	**이** 파리	이파리, 잎, 나뭇잎	명	**leaf** [li:f] 리-쁘
7	**눈** 송이처럼	눈송이	명	**snowflake** [snóuflèik] 스노우플레익
8	**날** 리네	날리다, 날다	동	**fly** [flai] 쁠라이
9	**향** 긋한	향긋한, 달콤한, 감미로운	형	**sweet** [swi:t] 스위-잇
10	**꽃** 냄새가	꽃 냄새, 꽃 향기		**smell of flowers** 스멜 어브 쁠라우어즈

초등 저학년

11	**실**바람타고	실바람, 미풍, 산들바람	명	**breeze** [bri:z] 브리즈
12	**솔**솔	솔솔, 부드럽게, 상냥하게	부	**softly** [sɔ́(:)ftli] 소-쁘들리
13	**둘**이서	둘 다, 양쪽, 쌍방	명	**both** [bouθ] 보우뜨
14	**말**이 없네	말이 없는, 말을 못하는, 벙어리의	형	**speechless** [spí:tʃlis] 스피치리스
15	**얼**굴	얼굴, 얼굴표정	명	**face** [feis] 쀄이스

16	**마** 주보며	마주보다	**look each other** 룩 이치 아더
17	**생** 긋	생긋 웃다, 밝게 웃다	**smile brightly** 스마일 브라이틀리
18	**아** 카시아꽃	아카시아 ⑲	**acacia** [əkéiʃə] 어케이셔
19	**하** 얗게 핀	하얗게 피다	**bloom white** 블루-움 와이트
20	**먼** 옛날의	먼 옛날에, 오래 전	**long ago** 롱 어고우

| 21 | 과 수원 길 | 과수원 길 | | **orchard path**
오-처드 패뜨 |

속 담   꿈보다 해몽이 좋다.

1	꿈 보다	꿈 ; 꿈꾸다	명 동	**dream** [dri:m] 드리-임
2	해 몽이	해몽, 해석, 설명	명	**interpretation** [intə̀:rprətéiʃən] 인터-프러테이션
3	좋 다	좋다, 더 낫다		**had better** 해드 베러

15 악어 떼

정글 숲을

지나서 가자

엉금엉금

기어서 가자

늪지대가

나타나면은

악어 떼가

나올라

1	**정**글	정글, 밀림지대	몡	**jungle** [dʒʌ́ŋgl] 정글
2	**숲**을	숲, 산림, 삼림, 수목	몡	**forest** [fɔ́(:)rist] 뽀리스트
3	**지** 나서 가자	지나다 ; 통행, 통과	동 몡	**pass** [pæs] 패스
4	**엉**금엉금	엉금엉금 기다, 포복하다	동	**creep** [kri:p] 크리-입
5	**기** 어서 가자	기어가다, 포복하다	동	**crawl** [krɔ:l] 크로-올

초등 저학년

6	**늪**지대가	늪지대, 습지, 수렁	명	**swamp** [swɑmp] 스왐프
7	**나**타나면은	나타나다, 출현하다	동	**appear** [əpíər] 어피어
8	**악**어 떼가	악어	명	**alligator** [ǽligèitər] 앨리게이러
9	**나**올라	나오다, 나타나다		**show up** 쇼우 업

속 담   소 잃고 외양간 고친다.

1	**소**	소, 가축	명	**cattle** [kǽtl] 캐를
2	**잃**고	잃다, 놓쳐버리다	동	**lose** [luːz] 루-즈
3	**외** 양간	외양간, 마구간, 가축우리	명	**stable** [stéibl] 스떼이블
4	**고** 친다	고치다, 수선하다	동	**repair** [ripéəːr] 리페어-

16 학교 종

학교종이 땡땡땡
어서 모이자
선생님이 우리를
기다리신다
학교종이 땡땡땡
어서 모이자
사이 좋게 오늘도
공부 잘하자

1	**학** 교종이	학교종		school bell 스꾸-울 벨
2	**땡** 땡땡	땡땡땡 울리다	동	ring [riŋ] 링
3	**어** 서	어서가다, 서두르다 ; 서두름	동 명	hurry [hə́:ri] 허-리
4	**모** 이자	모이다, 붐비다 ; 군중	동 명	gather [gǽðər] 개 더
5	**선** 생님이	선생님, 교사	명	teacher [tíːtʃəːr] 티처-

6	**우**리를	우리를, 우리에게	대	**us** [ʌs] 어스
7	**기**다리신다	기다리다, 만나려고 기다리다	동	**wait** [weit] 웨잇
8	**학**교종이	학교종		**school bell** 스꾸-울 벨
9	**땡**땡땡	땡땡땡 울리다	동	**ring** [riŋ] 링
10	**어**서	어서가다, 서두르다 ; 서두름	동 명	**hurry** [hə́ːri] 허-리

초등 저학년

11	모 이자	모이다, 붐비다 ; 군중	동 명	crowd [kraud] 크라우드
12	사 이좋게	사이좋은, 친한, 친절한	형	friendly [fréndli] 쁘렌들리
13	오 늘도	오늘, 현재	명 부	today [tədéi, tu-] 터데이, 투데이
14	공 부	공부, 연구 ; 공부하다	명 동	study [stʌ́di] 스떠디
15	잘 하자	잘하다		do well 두- 웰

17 그대로 멈춰라

즐겁게
춤을 추다가
그대로 멈춰라
즐겁게
춤을 추다가
그대로 멈춰라
눈도 감지 말고
웃지도 말고
울지도 말고
움직이지 마
즐겁게
춤을 추다가
그대로 멈춰라

1	**즐**겁게	즐겁게, 기쁘게	부	**joyfully** [dʒɔ́ifəli] 조이뻘리
2	**춤**을 추다가	춤추다 ; 춤	동 명	**dance** [dæns] 댄스
3	**그**대로	그대로, 서 있는 그대로		**as it stands** 애즈 잇 스땐즈
4	**멈**춰라	멈추다, 정지하다, 서다	동	**stop** [stɑp] 스땁
5	**즐**겁게	즐겁게, 기쁘게	부	**joyfully** [dʒɔ́ifəli] 조이뻘리

6	**춤**을 추다가	춤을 추다 ; 춤	(동) (명)	**dance** [dæns] 댄스
7	**그**대로	그대로, 서 있는 그대로		**as it stands** 애즈 잇 스탠즈
8	**멈**춰라	멈추다, 정지하다, 서다	(동)	**stop** [stɑp] 스땁
9	**눈**도	눈, 눈동자, 동공	(명)	**eye** [ai] 아이
10	**감**지 말고	감다, 닫다, 덮다	(동)	**close** [klouz] 클로우즈

11	**웃** 지도 말고	웃지 마. 웃지 마라.		**Don't laugh.** 도운트 래쁘
12	**울** 지도 말고	울지 마, 울지 마라.		**Don't cry.** 도운트 크라이
13	**움** 직이지 마	움직이지 마!, 꼼짝 마!		**Freeze!** [fri:z] 쁘리ー즈
14	**즐** 겁게	즐겁게, 기쁘게	부	**joyfully** [dʒɔifəli] 조이쁠리
15	**춤** 을 추다가	춤추다 ; 춤	동 명	**dance** [dæns] 댄스

초등 저학년

16	그 대로	그대로, 서 있는 그대로		as it stands 애즈 잇 스탠즈
17	멈 춰라	멈추다, 정지하다, 서다	동	stop [stɑp] 스땁

속 담 고래 싸움에 새우등 터진다.

1	**고** 래	고래	명	**whale** [*h*weil] 웨일
2	**싸** 움에	싸움, 말다툼, 불화	명	**quarrel** [kwɔ́:rəl] 쿼−를
3	**새** 우등	새우	명	**shrimp** [ʃrimp] 스림프
4	**터** 진다	터지다, 파열하다	동	**burst** [bəːrst] 버−스트

18 아빠는 엄마를 좋아해.

귀여운 새들이
노래하고
집 앞뜰 나뭇잎
춤추고
햇님이 방긋이
고개들면
우리 집
웃음꽃 피어요
아빠 엄마 좋아
엄마 아빠 좋아

1	귀여운	귀여운, 예쁜, 날렵한	형	cute [kju:t] 큐우-트
2	새들이	새	명	bird [bə:rd] 버-드
3	노래하고	노래하다, 지저귀다		sing a song 싱 어 송
4	집앞뜰	집 앞 뜰, 안마당	명	yard [jɑ:rd] 야-드
5	나뭇잎	나뭇잎, 잎, 풀잎	명	leaf [li:f] 리-쁘

6	춤 추고	춤추다 ; 춤	동 명	dance [dæns] 댄스
7	햇 님이	햇님, 햇빛, 일광	명	sunlight [sʌ́nlàit] 썬라잇
8	방 긋이	방긋 웃다, 미소짓다	동	smile [smail] 스마일
9	고 개들면	고개 들다		rise one's head 라이즈 완즈 헤드
10	우 리집	우리 집		my house 마이 하우스

11	**웃**음꽃	웃음, 웃음꽃, 웃음소리 ㉤	**laughter** [lǽftə:r] 래쁘더-
12	**피**어요	(꽃이) 피다 ; 활짝 핌 ㉤㉤	**bloom** [blu:m] 블루-움
13	**아**빠	아빠, 아버지 ㉤	**father** [fɑ́:ðər] 빠-더
14	**엄**마 좋아	엄마, 어머니 ㉤	**mother** [mʌ́ðə:r] 마더-
15	**엄**마	엄마, 어머니 ㉤	**mother** [mʌ́ðə:r] 마더-

16	**아**빠 좋아	아빠, 아버지	명 **father** [fá:ðər] 빠-더

속 담 돌다리도 두들겨보고 건너라.

1	**돌**다리도	돌다리	**stone bridge** 스또운 브리지
2	**두**들겨보고	두드리다, 치다	동 **knock** [nɑk / nɔk] 낙 / 녹
3	**건**너라	건너다, 건너가다	**go across** 고우 어크로-스

초등 저학년

속 담　길고 짧은 것은 대어 보아야 안다.

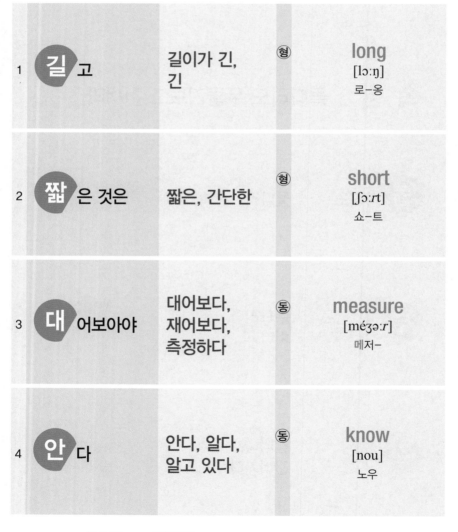

1	**길**고	길이가 긴, 긴	형	**long** [lɔːŋ] 로-옹
2	**짧**은 것은	짧은, 간단한	형	**short** [ʃɔːrt] 쇼-트
3	**대**어보아야	대어보다, 재어보다, 측정하다	동	**measure** [méʒəːr] 메저-
4	**안**다	안다, 알다, 알고 있다	동	**know** [nou] 노우

19 엄마돼지 아기돼지

토실토실 아기돼지
젖 달라고 꿀꿀꿀
엄마돼지 오냐 오냐
알았다고 꿀꿀꿀
아기돼지 바깥으로
나가자고 꿀꿀꿀
엄마돼지 비가 와서
안 된다고 꿀꿀꿀

1	**토**실토실	토실토실, 살찐, 부푼	형	plump [plʌmp] 플럼프
2	**아**기돼지	아기돼지, 어린 돼지	명	piglet [píglit] 피글릿
3	**젖**달라고	젖(우유) 주세요.		Give me milk. 기브 미 밀크
4	**꿀**꿀	꿀꿀거리다 ; 돼지 울음소리	동 명	oink [ɔiŋk] 오잉크
5	**엄**마돼지	엄마돼지		mother pig 마더- 피그

세로글자 자동읽기 자동기억

6	**오** 냐오냐	오냐오냐		O.K., O.K. 오우케이
7	**알** 았다고	알았다.		I see. 아이 시-
8	**꿀** 꿀꿀	꿀꿀거리다 ; 돼지 울음소리	동 명	oink [ɔiŋk] 오잉크
9	**아** 기돼지	아기돼지, 어린돼지	명	piglet [píglit] 피글릿
10	**바** 깥으로	바깥, 외부, 밖	명	outside [áutsáid] 아웃사이드

11	나 가자고	나가다, 외출하다		go out 고우 아웃
12	꿀 꿀꿀	꿀꿀거리다 ; 돼지 울음소리	동 명	oink [ɔiŋk] 오잉크
13	엄 마돼지	엄마돼지		mother pig 마더- 피그
14	비 가 와서	비 ; 비오다	명 동	rain [rein] 레인
15	안 된다고	안 돼!	부	No! [nou] 노우

16	꿀 꿀꿀	꿀꿀거리다 ; 돼지 울음소리	동 명	oink [ɔiŋk] 오잉크

속 담   백지장도 맞들면 낫다.

1	백 지장도	백지장, 종이 한 장	white paper 와이트 페이퍼
2	맞 들면	맞들다, 함께 들어 올리다	lift up together 리쁘트 업 터게러
3	낫 다	낫다, 보다 낫다, 보다 좋다	be better 비 베러

속 담   나무만 보고 숲을 보지 못 한다.

1	**나**무만	나무, 수목	명 **tree** [tri:] 츠리-
2	**보**고	보다, 구경하다, 바라보다	동 **see** [si:] 시-
3	**숲**은	숲, 산림, 삼림	명 **forest** [fɔ́(:)rist] 뽀리스트
4	**보**지 못 한다	보지 못하다, 못 보다, 알지 못하다,	**fail to see** 뻬일 투 시-

20 둥글게 둥글게

둥글게 둥글게
둥글게 둥글게
빙글빙글 돌아가며
춤을 춥시다
손뼉을 치면서
노래를 부르며
랄랄랄라 즐겁게 춤추자
링가링가링가 링가링가링
링가링가링가 링가링가링
손에 손을 잡고
모두 다함께
즐겁게 뛰어봅시다

1	**둥**글게 둥글게	둥근 원, 원주, 환, 고리	명	circle [sə́:rkl] 써-클
2	**둥**글게 둥글게	둥근 원, 원주, 환, 고리	명	circle [sə́:rkl] 써-클
3	**빙**글빙글	빙글빙글		around and around 어라운드 앤 어라운드
4	**돌**아가며	돌다, 회전하다, 돌아가다	동	turn [tə:rn] 터-언
5	**춤**을 춥시다	춤을 춥시다!		Let's dance! 렛스 댄스

초등 저학년

6	손 뻑을 치면서	손뼉을 치다, 찰싹 때리다	동	clap [klæp] 클랩
7	노 노래를 부르며	노래하다, 지저귀다	동	sing [siŋ] 싱
8	랄 랄랄라	알약, 정제, 평판, 패	명	tablet [tǽblit] 태블릿
9	즐 겁게	즐겁게, 행복하게	부	happily [hǽpili] 해필리
10	춤 추자	춤추자!		Let's dance! 렛스 댄스

11	**링** 가링가링가	링, 반지, 고리	명	ring [riŋ] 링
12	**링** 가링가링	링, 반지, 고리	명	ring [riŋ] 링
13	**링** 가링가링가	링, 반지, 고리	명	ring [riŋ] 링
14	**링** 가링가링	링, 반지, 고리	명	ring [riŋ] 링
15	**손** 에 손을 잡고	손에 손을 잡고		hand in hand 핸 인 핸드

| 노래가사로 저절로암기 저절로기억 |

16	**모**두	모두, 다, 누구나	몡 **everybody** [évribàdi] 에브리바디
17	**다** 함께	다함께, 같이, 동반해서	부 **together** [təgéðəːr] 터게더–
18	**즐** 겁게	즐겁게, 기쁘게	부 **joyfully** [dʒɔ́ifəli] 조이뻘리
19	**뛰** 어봅시다	뛰어봅시다!	**Let's jump!** 렛스 점프

초등 저학년

속 담   오늘 할 일을 내일로 미루지 마라.

1	**오**늘	오늘, 현재	몡 ⓫ **today** [tədéi] 터데이
2	**할**일을	할 일, 의무, 임무, 본분	몡 **duty** [djúːti] 듀-디
3	**내**일로	내일, 명일, 장래	몡 ⓫ **tomorrow** [təmɔ́ːrou] 터모-로우
4	**미**루지 마라	미루지 마라.	**Don't delay.** 도운트 딜레이

21 우리 집에 왜왔니?

우리 집에 왜왔니
왜왔니 왜왔니
꽃 찾으러 왔단다
왔단다 왔단다
무슨 꽃을 찾으러
왔느냐 왔느냐
장미꽃을 찾으러
왔단다 왔단다

1	**우**리 집에	우리 집	**my house** 마이 하우스
2	**왜** 왔니	왜왔니?	**Why did you come?** 와이 디 쥬 컴?
3	**왜** 왔니	왜왔니?	**Why did you come?** 와이 디 쥬 컴?
4	**왜** 왔니	왜왔니?	**Why did you come?** 와이 디 쥬 컴?
5	**꽃** 찾으러	꽃, 화초	명 **flower** [fláuər] 쁠라우어

초등 저학년

6	**왔**단다	왔단다! 왔다.	I have come. 아이 어브 컴
7	**왔** 단다, 왔단다	왔단다! 왔다.	I have come. 아이 어브 컴
8	**무** 슨 꽃을	무슨 꽃	what flower 왓 쁠라우어
9	**찾** 으러	찾다	look for 룩 뽀
10	**왔** 느냐	오다, 도착하다 ⑧	come [kʌm] 컴

11	왔느냐 왔느냐	오다, 도착하다	동	come [kʌm] 컴
12	장미꽃을	장미꽃	명	rose [rouz] 로우즈
13	찾으로	찾다, 발견하다		look for 룩 뽀
14	왔단다	오다, 도착하다	동	come [kʌm] 컴
15	왔단다 왔단다	오다, 도착하다	동	come [kʌm] 컴

22 꼭꼭 약속해.

너하고 나는 친구 되어서
사이좋게 지내자
새끼손가락 고리 걸고
꼭꼭 약속해
싸움하면은 친구 아니야
사랑하고 지내자
새끼손가락 고리 걸고
꼭꼭 약속해
맛있는 것은 나눠 먹으며
서로 돕고 지내자
새끼손가락 고리 걸고
꼭꼭 약속해

1	**너** 하고 나는	너하고 나	**you and I** 유- 앤 아이
2	**친** 구 되어서	친구, 벗, 아군 ⑲	**friend** [frend] 쁘렌드
3	**사** 이좋게	사이좋은, 친한, 친절한 ⑲	**friendly** [fréndli] 쁘렌들리
4	**지** 내자	지내다, 사이좋게 지내다	**get along** 게덜로-옹
5	**새** 끼손가락	새끼손가락	**little finger** 리를 삥거

6	고리	고리, 갈고리, 걸쇠	명	hook [huk] 훅
7	걸고	걸다, 매달다, 목매달다	동	hang [hæŋ] 행
8	꼭꼭	꼭꼭, 확실히, 단단히	부	tightly [taitli] 타이틀리
9	약속해	약속, 계약, 기대, 희망	명	promise [prámis] 프라미스

10	**싸** 움하면은	싸움, 말다툼, 불화	명	**quarrel** [kwɔ́ːrəl / kwɑ́r-] 쿼-럴, 콰-럴
11	**친** 구 아니야	친구, 벗, 아군	명	**friend** [frend] 쁘렌드
12	**사** 랑하고	사랑하다, 좋아하다 ; 사랑	동 명	**love** [lʌv] 러브
13	**지** 내자	지내다, 사이좋게 지내다		**get along** 게덜로-옹
14	**새** 끼손가락	새끼손가락		**little finger** 리를 삥거

15	고리	고리, 갈고리, 걸쇠	명	hook [huk] 훅
16	걸고	걸다, 매달다, 목매달다	동	hang [hæŋ] 행
17	꼭꼭	꼭꼭, 단단히, 확실히	부	tightly [taitli] 타이틀리
18	약속해	약속, 계약, 기대, 희망	명	promise [prámis] 프라미스

19	**맛** 있는 것은	맛있는, 맛좋은, 즐거운	형	**yummy** [jʌ́mi] 야미
20	**나** 눠 먹으며	나누다, 분배하다 ; 몫	동 명	**share** [ʃɛ́ːr] 쉐어-
21	**서** 로	서로, 함께		**each other** 이치 아더
22	**돕** 고	돕다, 원조하다 ; 도움	동 명	**help** [help] 헬프
23	**지** 내자	지내다, 사이좋게 지내다		**get along** 게덜로-옹

초등 저학년

24 **새**끼손가락	새끼손가락	**little finger** 리를 삥거
25 **고**리	고리, 갈고리, 걸쇠 ⑲	**hook** [huk] 훅
26 **걸**고	걸다, 매달다, 목매달다 ⑧	**hang** [hæŋ] 행
27 **꼭**꼭	꼭꼭, 확실히, 단단히 ⑭	**tightly** [taitli] 타이들리
28 **약**속해	약속해. 약속하자.	**Let's make a promise.** 레스 메이 커 프라미스

속 담 일 못하는 사람이 항상 연장 나무란다.

1	일 못하는 사람이	일 못하는 사람		bad workman 배드 워-커맨
2	항상	항상, 늘, 언제나	부	always [ɔ́:lweiz] 오-올웨이즈
3	연장	연장, 도구, 공구	명	tool [tu:l] 투울
4	나무란다	나무라다, 비난하다	동	blame [bleim] 블레임

23 펄펄 눈이 옵니다.

펄펄 눈이 옵니다
바람타고 눈이 옵니다
하늘나라 선녀님들이
송이송이 하얀 솜을
자꾸자꾸 뿌려줍니다
펄펄 눈이 옵니다
하늘에서 눈이 옵니다
하늘나라 선녀님들이
하얀 가루 떡가루를
자꾸자꾸 뿌려줍니다
자꾸자꾸 뿌려줍니다

1	펄펄	펄펄 날리다, 나부끼다	동	flutter [flʌ́təːr] 쁠러-더
2	눈이 옵니다	눈이 오다, 눈이 내리다 ; 눈	동 명	snow [snou] 스노우
3	바람타고	바람타고, 바람과 함께		with wind 위드 윈드
4	눈이 옵니다	눈이 오다, 눈이 내리다 ; 눈	동 명	snow [snou] 스노우
5	하늘나라	하늘나라, 하늘, 천국	명	heaven [hévən] 헤번

6	**선** 녀님들이	선녀, 요정, 아름다운 처녀	명	**nymph** [nimf] 님쁘
7	**송** 이송이	송이, 다발, 한 덩어리	명	**bunch** [bʌntʃ] 번치
8	**하** 얀 솜을	햐얀 솜		**white cotton** 와이트 카튼
9	**자** 꾸자꾸	자꾸자꾸, 몇 번이고		**again and again** 어겐 앤 어겐
10	**뿌** 려줍니다	뿌리다, 흩뿌리다	동	**scatter** [skǽtə:r] 스깨러–

11	**펄**펄	펄펄 날리다, 나부끼다	동	**flutter** [flʌ́tə:r] 쁠러-더
12	**눈**이 옵니다	눈이 오다, 눈이 내리다; 눈	동 명	**snow** [snou] 스노우
13	**하**늘에서	하늘나라, 하늘, 천국	명	**heaven** [hévən] 헤번
14	**눈**이 옵니다	눈이 오다, 눈이 내리다; 눈	동 명	**snow** [snou] 스노우
15	**하**늘나라	하늘나라, 하늘, 천국	명	**heaven** [hévən] 헤번

16	**선** 녀님들이	선녀, 요정, 아름다운 소녀	⑲ nymp [nimf] 님쁘
17	**하** 얀 가루	하얀 가루	white flour 와이트 쁠라우어
18	**떡** 가루를	떡가루	rice flour 라이스 쁠라우어
19	**자** 꾸자꾸	자꾸자꾸, 계속해서	again and again 어겐 앤 어겐
20	**뿌** 려줍니다	뿌리다, 흩뿌리다	⑧ scatter [skǽtə:r] 스깨러-

초등 저학년

21	**자**꾸자꾸	자꾸자꾸, 계속해서		again and again 어겐 앤 어겐
22	**뿌**려줍니다	뿌리다, 흩뿌리다	동	scatter [skǽtəːr] 스깨러–

속 담 급할수록 돌아가라.

1	**급**할수록	급한, 조급한, 바삐 서두는	형	hasty [héisti] 헤이스디
2	**돌**아가라	돌아가라! 서두르지 마라!		Don't hurry! 도운트 허리

24 작은 별

반짝반짝 작은 별

아름답게 비치네

서쪽 하늘에서도

동쪽 하늘에서도

반짝반짝 작은 별

아름답게 비치네

1	**반**짝반짝	반짝반짝 빛나다, 반짝이다	동	**twinkle** [twíŋk-əl] 트윙클
2	**작**은 별	작은 별		**little star** 리를 스-따
3	**아**름답게	아름답게, 예쁘게	부	**beautifully** [bjúːtəfəli] 뷰-러뻘리
4	**비**치네	비치다, 빛나다, 비추다	동	**shine** [ʃain] 샤인
5	**서**쪽	서쪽, 서, 서방, 서양	명	**west** [west] 웨스트

|---|---|---|---|
6	**하**늘에서도	하늘, 천국, 날씨	명	sky [skai] 스까이
7	**동**쪽	동쪽, 동방, 동	명	east [i:st] 이-스트
8	**하**늘에서도	하늘, 찬국, 날씨	명	sky [skai] 스까이
9	**반**짝반짝	반짝반짝 빛나다, 반짝이다	동	twinkle [twíŋk-əl] 트윙클
10	**작**은 별	작은 별		little star 리를 스-따

초등 저학년

| 11 | 아름답게 | 아름답게,
예쁘게 | ㈜ | **beautifully**
[bjú:təfəli]
뷰-러뻴리 |

| 12 | 비치네 | 비치다,
빛나다,
비추다 | ㈜ | **shine**
[ʃain]
샤인 |

속 담   달걀로 바위치기

| 1 | 달걀로 | 달걀,
계란, 알 | ㈜ | **egg**
[eg]
에그 |

| 2 | 바위치기 | 바위, 암석,
암반 | ㈜ | **rock**
[rɑk / rɔk]
락 / 록 |

25 햇볕은 쨍쨍

햇볕은 쨍쨍
모래알은 반짝
모래알로 떡해놓고
조약돌로 소반지어
언니 누나 모셔다가
맛있게도 냠냠

1	**햇** 볕은 쨍쨍	햇볕, 일광, 양지	명 **sunshine** [sʌ́nʃàin] 썬샤인
2	**모** 래알은	모래알, 모래	명 **sand** [sænd] 샌드
3	**반** 짝	반짝반짝 빛나다, 반짝이다	동 **twinkle** [twíŋk-əl] 트윙클
4	**모** 래알로	모래알, 모래	명 **sand** [sænd] 샌드
5	**떡** 해놓고	떡	**rice cake** 라이스 케익

6	조 약돌로	조약돌, 자갈	명	**pebble** [pébəl] 페블
7	소 반지어	소반, 음식, 식사	명	**food** [fu:d] 뿌ー드
8	언 니	언니		**older sister** 오울더 시스터
9	누 나	누나		**older sister** 오울더 시스터
10	모 셔다가	모시다, 초대하다	동	**invite** [inváit] 인바이트

| 11 | 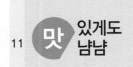 있게도 냠냠 | 맛, 맛보기 | 명 | taste
[teist]
테이스트 |

속 담   구르는 돌에는 이끼가 끼지 않는다.

1	구 르는 돌에는	구르는 돌		rolling stone 로울링 스또운
2	이 끼가	이끼	명	moss [mɔ(:)s, mɑs] 모스, 마스
3	끼 지 않는다	끼다, 축적하다, 모으다, 쌓이다	동	gather [gǽðər] 개러

26 고드름

고드름 고드름
수정 고드름
고드름 따다가
발을 엮어서
각시방 영창에
달아놓아요
각시님 각시님
안녕하세요
낮에는 햇님이
문안오시고
밤에는 달님이
놀러 오시네

1	**고**드름	고드름	명 icicle [áisikəl] 아이시클
2	**고**드름	고드름	명 icicle [áisikəl] 아이시클
3	**수**정 고드름	수정 고드름	crystal icicle 크리스틀 아이시클
4	**고**드름	고드름	명 icicle [áisikəl] 아이시클
5	**따**다가	따다, 뜯다, 채집하다	동 pick [pik] 픽

6	**발**을	발, 블라인드, 덮어 가리는 것 ; 눈 먼	명 형	blind [blaind] 블라인드
7	**엮**어서	엮다, 짜다, 뜨다	동	weave [wiːv] 위-브
8	**각**시방	각시방, 인형 보관용 방		doll room [dɑl, dɔ(ː)l] 달 루움
9	**영**창에	영창, 창문, 창틀	명	window [wíndou] 윈도우
10	**달**아 놓아요	달다, 매달다, 목매달다	동	hang [hæŋ] 행

11	**각**시님	각시, 작은 인형	명	**doll** [dɑl, dɔ(:)l] 달, 도-올
12	**각**시님	각시, 작은 인형	명	**doll** [dɑl, dɔ(:)l] 달, 도-올
13	**안**녕하세요	안녕하세요!	감	**Hello!** [helóu] 헬로우
14	**낮**에는	낮, 주간, 하루	명	**day** [dei] 데이
15	**햇**님이	햇님, 해	명	**sun** [sʌn] 썬

16	**문**안오시고	문안하다, 방문하다	call on 콜 온
17	**밤**에는	밤, 야간, 저녁 ⑲	night [nait] 나잇
18	**달**님이	달님, 달 ⑲	moon [muːn] 무-운
19	**놀**러 오시네	놀러오다	come and play 컴 앤 플레이

초등 저학년

속 담 매를 아끼면 아이를 망친다.

1	**매**를	매, 회초리, 지팡이, 장대	명	**rod** [rɑd] 라드 / 로드
2	**아**끼면	아끼다, 절약하다, 사용하지 않다	동	**spare** [spɛəːr] 스뻬어
3	**아**이를	아이, 어린이, 아동, 유아	명	**child** [tʃaild] 차일드
4	**망**친다	망치다, 버릇 없게 기르다	동	**spoil** [spɔil] 스뽀일

27 설날

까치까치 설날은
어저께고요
우리우리 설날은
오늘이래요
곱고 고운 댕기도
내가 드리고
새로 사온 신발도
내가 신어요

1	**까** 치까치	까치	명 **magpie** [mǽgpài] 맥파이
2	**설** 날은	설날	**New Year's (Day)** 뉴- 이어즈 (데이)
3	**어** 저께고요	어제, 어저께	부 명 **yesterday** [jéstəːrdèi] 예스터-데이
4	**우** 리 우리	우리, 우리의, 우리들의	대 **our** [auər] 아우어
5	**설** 날은	설날	**New Year's** 뉴- 이어즈

6	**오**늘이래요	오늘, 현재	명 부 **today** [tədéi, tu-] 터데이, 투데이
7	**곱**고 고운	곱고 고운, 예쁜, 아름다운	형 **pretty** [príti] 프리디
8	**댕**기도	댕기, 리본, 띠, 장식 띠	명 **ribbon** [ríbən] 리번
9	**내**가	내가 직접	대 **myself** [maisélf] 마이셀쁘
10	**드**리고	드리다, 드리우다, 매달다	**hang down** 행 다운

초등 저학년

11	**새** 로 사온	새로운, 새것의	⑲	new [nju:] 뉴-
12	**신** 발도	신발, 신, 구두	⑲	shoe [ʃu:] 슈-
13	**내** 가	내가 직접, 나 자신	⑲	myself [maisélf] 마이셀쁘
14	**신** 어요	(신발을) 신다, 착용하다		put on (shoes) 푸 돈 슈즈

28 자전거

따르릉 따르릉
비켜나세요
자전거가 나갑니다
따르르릉
저기 가는 저 노인
조심하세요
우물쭈물하다가는
큰일납니다

1	**따**르릉 따르릉	따르릉, 딸랑딸랑	몡	**tinkle** [tíŋk-əl] 팅클
2	**비**켜나세요	비켜나세요!		**Step aside!** 스텝 어사이드
3	**자**전거가	자전거	몡	**bike** [baik] 바익
4	**나**갑니다	나아가다 ; 나아감, 전진	동 몡	**advance** [ædvǽns] 애드밴스
5	**따**르르릉	따르릉, 딸랑딸랑	몡	**tinkle** [tíŋk-əl] 팅클

6	**저**기 가는	저기, 저쪽에, 저쪽으로		**over there** 오우버 데어-
7	**저** 노인	저 노인		**that old man** 댓 오울드 맨
8	**조** 심하세요	조심하세요!		**Watch out!** 워치 아웃
9	**우** 물쭈물 하다가는	우물쭈물하다, 주저하다, 망설이다	통	**hesitate** [hézətèit] 헤즈테잇
10	**큰** 일납니다	큰일, 위험 (상태), 위기	명	**danger** [déindʒər] 데인저

초등 저학년

속 담 친구를 보면 그 사람을 안다.

1	**친**구를	친구, 벗, 자기편, 후원자	명	**friend** [frend] 쁘렌드
2	**보**면	보다, 관찰하다, 살펴보다	동	**observe** [əbzə́:rv] 업저-브
3	**그**사람을	그 사람, 그 인물		**that person** 댓 퍼-슨
4	**안**다	안다, 추측하다, 추정하다	동	**guess** [ges] 게스

29 한국을 빛낸 100인 1절

아름다운 이 땅에 금수강산에
단군할아버지가 터 잡으시고
홍익인간 뜻으로 나라 세우니
대대손손 훌륭한 인물도 많아
고구려 세운 동명왕
백제 온조왕
알에서 나온 혁거세
만주벌판 달려라 광개토대왕
신라장군 이사부
백결선생 떡방아
삼천궁녀 의자왕
황산벌의 계백
맞서 싸운 관창
역사는 흐른다

1	**아** 름다운	아름다운, 고운, 예쁜	형 **beautiful** [bjú:təfəl] 뷰-러뻘
2	**이** 땅에	이 땅, 이 나라	**this land** 디슬 랜드
3	**금** 수강산에	금수강산, 아름다운 나라	**beautiful land** 뷰-리뻘 랜드
4	**단** 군 할아버지가	단군할아버지, 조부, 조상	**Grandfather Tangun** 그랜빠-더 단군
5	**터** 잡으시고	터, 장소, 곳	명 **place** [pleis] 플에이스

6	홍 익인간	홍익인간, 인간을 널리 이롭게 하다		Benefit All Humankind 베너삣 얼 유맨카인드
7	뜻 으로	뜻, 의미	명	meaning [míːniŋ] 미-닝
8	나 라	나라, 국가, 국토, 상태	명	state [steit] 스떼잇
9	세 우니	세우다, 건설하다, 짓다	동	build [bild] 빌드
10	대 대손손	대, 세대, 자손	명	generation [dʒènəréiʃən] 제너레이션

11	**훌**룡한	훌룡한, 우수한, 뛰어난	형	**excellent** [éksələnt] 엑설런트
12	**인**물도 많아	인물, 사람, 남자, 남성	명	**man** [mæn] 맨
13	**고**구려 세운	고구려를 세우다, 고구려를 건설 하다		**establish Koguryo** 이스때블리시 고구려
14	**동**명왕	동굴, 굴	명	**cave** [keiv] 케이브
15	**백**제 온조왕	백만, 다수, 무수	명	**million** [míljən] 밀런

16	**알**에서	알, 달걀	명 **egg** [eg] 에그
17	**나**온	나온, 태어난, 타고난	형 **born** [bɔːrn] 보-온
18	**혁**거세	혁대, 벨트, 죔쇠	명 **buckle** [bʌ́kəl] 버클
19	**만**주벌판	만주벌판, 만주평야	**Manchurian Plain** 맨추리언 플레인
20	**달**려라	달리다, 뛰다, 달려가다	동 **run** [rʌn] 런

초등 저학년

21	**광**개토대왕	광고	몡	**ad** [æd] 애드
22	**신**라장군	신라장군		General of Silla 제느럴 어브 신라
23	**이**사부	이사, 이동 ; 이동하다	몡 동	**move** [muːv] 무-브
24	**백**결선생	백결선생		teacher Pack Kyul 티처 백결
25	**떡**방아	떡, 전통 떡		rice cake 라이스 케익

| 노래가사로 자동암기 자동기억 |

26	**삼** 천궁녀	삼천	**three thousands** 뜨리- 따우즈-언즈
27	**의** 자왕	의자, 좌석 ^명	**chair** [tʃɛər] 체어
28	**황** 산벌의	황산벌, 황산벌판	**Yellow Field** 옐로우 쀠-일드
29	**계** 백	계획, 플랜, 안 ^명	**plan** [plæn] 플랜
30	**맞** 서 싸운	맞서 싸우다	**fight against** 빠잇 어겐스트

초등 저학년

31	**관**창	관중, 관객, 청중, 청취자	명	**audience** [ɔ́:diəns] 오-디언스
32	**역**사는	역사, 사실, 경력, 이력	명	**history** [hístəri] 히스트리
33	**흐**른다	흐르다, 흘러가다	동	**flow** [flou] 쁠로우

30 한국을 빛낸 100인 2절

말 목 자른 김유신   대마도 정벌 이종무

통일신라 문무왕   일편단심 정몽주

원효대사 해골물   목화씨는 문익점

혜초 천축국   해동공자 최충

바다의 왕자 장보고   삼국유사 일연

발해 대조영   역사는 흐른다

귀주대첩 강감찬

서희 거란족

무단정치 정중부

화포 최무선

죽림칠현 김부식

지눌국사 조계종

의천 천태종

1	**말**목	말목, 말의 목	**neck of horse** 네 코-브 호-스
2	**자**른	자르다, 베다, 절단하다 ⑧	**cut** [kʌt] 컷
3	**김**유신	김, 증기, 수증기 ⑲	**steam** [sti:m] 스띠-임
4	**통**일신라	통일신라	**Unified Silla** 유-너빠이드 실라
5	**문**무왕	문, 방문, 입구, 문짝 ⑲	**door** [dɔːr] 도-

6	**원**효대사	원효대사		**Saint Wonhyo** 세인트 원효
7	**해**골물	해골, 골격, 뼈대, 윤곽	명	**skeleton** [skélətn] 스켈러든
8	**혜**초 천축국	혜성, 살별	명	**comet** [kámit] 카밋
9	**바**다의	바다, 대양, 해양	명	**ocean** [óuʃən] 오우션
10	**왕**자	왕자, 황태자, 동궁	명	**prince** [prins] 프린스

초등 저학년

11	**장** 보고	장, 시장, 장날	몡 **market** [máːrkit] 마-킷
12	**발** 해 대조영	발가락, 발끝	몡 **toe** [tou] 토우
13	**귀** 주대첩	귀주대첩	**Great Battle at Queju** 그레잇 배들 앳 귀주
14	**강** 감찬	강	몡 **river** [rívəːr] 리버-
15	**서** 희	서점, 책방	몡 **bookstore** [búkstɔ̀ːr] 북스또-

16	**거** 란족	거리, 가로, 차도	**Khitan race** 기탄 레이스
17	**무** 단정치	무단정치, 군사정치, 군사정부	**military government** 밀리테리 가버먼트
18	**정** 중부	정중앙, 한가운데 명	**middle** [mídl] 미를
19	**화** 포	화포, 대포, 총, 소총 명	**gun** [gʌn] 건
20	**최** 무선	최대, 최대한, 최대량 명	**maximum** [mǽksəməm] 맥서멈

초등 저학년

자동암기 평생기억 (Auto-Memorizing Never Forgotten) | 175

21	**죽** 림칠현	죽림칠현, 대밭에 사는 일곱 현인	Seven Wise Men in a Bamboo Woods 세븐 와이즈 멘 인 어 뱀부 우즈
22	**김** 부식	김, 증기, 수증기	명 steam [sti:m] 스띠-임
23	**지** 눌국사	지눌국사	National Master Jinul 내셔늘 매스터 지눌
24	**조** 계종	조개, 껍질, 등딱지	명 shell [ʃel] 쉘
25	**의** 천	의문, 의심, 질문, 문제	명 question [kwéstʃən] 퀘스천

26	**천** 태종	천둥, 벼락, 우레	명 **thunder** [θʌ́ndəːr] 떤더-
27	**대** 마도정벌	대마도 정벌, 대마도 토벌	**Expedition of Daemado Island** 익스페디션 어브 대마도 아일랜드
28	**이** 종무	이야기, 동화, 설화	명 **story** [stɔ́ːri] 스또리
29	**일** 편단심	일편단심, 충성스런 마음	**single mind** 싱글 마인드
30	**정** 몽주	정거장, 역, 정류장	명 **station** [stéiʃ-ən] 스떼이션

초등 저학년

31	**목** 화씨는	목화씨		cotton seed 카든 씨-드
32	**문** 익점	문자, 글자, 편지	명	letter [létəːr] 레러-
33	**해** 동공자	해동공자. 동쪽의 공자 동쪽의 훌륭한 인물		East Confucius 이-스트 컨쀼-저스
34	**최** 충	최후에, 마침내, 마지막에	부	finally [fáinəli] 빠이널리
35	**삼** 국유사	삼국유사, 세 나라의 이야 기 모음책		Stories of the Three Kingdoms 스또리즈 어브 더 뜨리 킹덤즈

36	**일**연	일월	명 **January** [dʒǽnjuèri] 재뉴에리
37	**역**사는	역사, 사실, 경력, 이력	명 **history** [hístəri] 히스트리
38	**흐**른다	흐르다, 흘러가다 ; 흐름	동 명 **flow** [flou] 쁠로우

속 담   달면 삼키고 쓰면 뱉는다.

1	**달** 면	달콤한, 단, 맛좋은, 맛있는	(형)	**sweet** [swi:t] 스윗
2	**삼** 키고	삼키다, 들이키다	(동)	**swallow** [swάlou] 스왈로우
3	**쓰** 면	쓴, 쓴맛의, 모진, 신랄한	(형)	**bitter** [bítər] 비터
4	**뱉** 는다	뱉다, 토해내다	(동)	**spit** [spit] 스삣

31 한국을 빛낸 100인 3절

황금을 보기를 돌같이 하라   잘 싸운다 곽재우
최영장군의 말씀 받들자   조헌 김시민
황희정승 맹사성   나라 구한 이순신
과학 장영실   태정태세 문단세
신숙주와 한명회   사육신과 생육신
역사는 안다   몸 바쳐서 논개
십만양병 이율곡   행주치마 권율
주리 이퇴계   역사는 흐른다
신사임당 오죽헌

1	**황**금을	황금, 돈, 금전, 화폐	몡	**money** [mʌ́ni] 머니
2	**보**기를	보다, 바라보다		**look at** 룩 앳
3	**돌** 같이 하라	돌, 돌멩이, 바위	몡	**stone** [stoun] 스또운
4	**최**영장군의	최영장군		**General Choi Young** 제느럴 최영
5	**말**씀	말씀, 충고, 조언	몡	**advice** [ædváis, əd-] 애/어드바이스

6	**받**들자	받들다, 따르다, 복종하다	동	**obey** [oubéi] 오베이
7	**황**희정승	황희정승, 황희총리, 황희수상		**Prime Minister Hwang Hee** 프라임 미니스터 황희
8	**맹**사성	맹수, 짐승, 금수, 동물	명	**beast** [biːst] 비-스트
9	**과**학	과학, 과학 분야	명	**science** [sáiəns] 사이언스
10	**장**영실	장관, 목사, 성직자	명	**minister** [mínistər] 미니스터

초등 저학년

11	**신**숙주와	신호, 암호, 징후, 조짐	몡	**signal** [sígn-əl] 시그-늘
12	**한**명회	한밤중, 밤12시	몡	**midnight** [mídnàit] 미드나잇
13	**역**사는	역사, 사실, 경력, 이력	몡	**history** [hístəri] 히스트리
14	**안**다	안다, 알다, 이해하다	동	**know** [nou] 노우
15	**십**만양병	십만		**a hundred thousand** 어 헌드러드 따우즌드

16	이 율곡	이름, 성명, 명칭, 명성	명 형	**name** [neim] 네임
17	주 리	주리, 심사위원, 배심원	명	**jury** [dʒúəri] 주리
18	이 퇴계	이마, 앞머리, 앞부분	명	**forehead** [fɔ́(ː)rid,-, fɔ́ːrhed] 뽀-리드, 뽀-헤드
19	신 사임당	신사, 점잖은 사람, 군자	명	**gentleman** [dʒéntlmən] 젠틀먼
20	오 죽헌	오물, 쓰레기, 음식찌꺼기	명	**garbage** [gáːrbidʒ] 가-비지

21	**잘** 싸운다 곽재우	잘 싸우다, 전투를 잘하다 ; 싸움		**fight well** 빠잇 웰
22	**조** 헌	조용히, 고요히, 은밀히	부	**quietly** [kwáiətli] 콰이엇을리
23	**김** 시민	김, 증기, 수증기, 안개	명	**steam** [sti:m] 스띠-임
24	**나** 라구한	나라, 국가, 국민	명	**nation** [néiʃən] 네이션
25	**이** 순신	이기다, 승리하다, 얻다	동	**win** [win] 윈

186 | 어제는 왕초보 오늘은 암기달인 초등 저학년용

26	**태** 정태세	태평양 ; 평화로운	⑲⑱ **Pacific** [pəsífik] 퍼시빅
27	**문** 단세	문단, 절, 단락, 항	⑲ **paragraph** [pǽrəgrǽf] 패러그래쁘
28	**사** 육신과	사육신 순교한 신하 죽은 신하	**Six Martyred Ministers** 식스 마더드 미니스터즈
29	**생** 육신	생육신, 살아남은 신하	**Six Living Ministers** 식스 리빙 미니스터즈
30	**몸** 바쳐서	몸바치다, 자신을 희생하다	**sacrifice oneself** 새크러빠이스 원셀쁘

31	**논**개	논쟁, 말다툼, 토론 ; 논쟁하다	명 동	**dispute** [dispjú:t] 디스퓨-트
32	**행**주치마	행주치마, 앞치마	명	**apron** [éiprən] 에이프런
33	**권**율	권총, 피스톨	명	**pistol** [pístl] 피스틀
34	**역**사는	역사, 사실, 경력, 이력	명	**history** [hístəri] 히스트리
35	**흐**른다	흐르다, 흘러가다 : 흐름	동 명	**flow** [flou] 쁠로우

32 한국을 빛낸 100인 4절

번쩍번쩍 홍길동   녹두장군 전봉준
의적 임꺽정   순교 김대건
대쪽같은 삼학사   서화가무 황진이
어사 박문수   못살겠다 홍경래
삼년공부 한석봉   삼일천하 김옥균
단원 풍속도   안중근은 애국
방랑시인 김삿갓   이완용은 매국
지도 김정호   역사는 흐른다
영조대왕 신문고
정조 규장각
목민심서 정약용

1	**번**쩍번쩍	번쩍번쩍 빛나다, 번쩍이다	동	twinkle [twíŋk-əl] 트윙클
2	**홍**길동	홍당무, 당근, 미끼, 포상	명	carrot [kǽrət] 캐럿
3	**의** 적	의적, 착한 도적		Robin Hood 라빈 후-드
4	**임**꺽정	임금, 왕, 국왕, 군주	명	king [kiŋ] 킹
5	**대**쪽같은	대나무, 죽재	명	bamboo [bæmbú:] 뱀부-

6	**삼**학사	삼학사, 세명의 학자
7	**어**사	어사. 왕이 보낸 사자, 왕의 밀정
8	**박**문수	박자, 장단 ; 명 동 치다, 두드리다
9	**삼**년공부	삼년공부, 삼년동안의 공부
10	**한**석봉	한문

6 three scholars 뜨리 스깔러-

7 Royal Inspector 로이얼 인스펙터

8 beat [biːt] 비-트

9 three-year study 뜨리 이어 스떠디

10 Chinese writing 차이니스 라이딩

11	**단**원	단원, 단위, 한 개, 단일체	명	**unit** [jú:nit] 유니-잇
12	**풍**속도	풍속도, 풍속화		**genre painting** 장르 페인팅
13	**방**랑시인	방랑시인, 떠돌이 시인		**wandering poet** 완더링 포우잇
14	**김**삿갓	김, 청태	명	**laver** [léivə:r] 레이버-
15	**지**도	지도, 설명도	명	**map** [mæp] 맵

16	**김** 정호	김, 청태	⑲ laver [léivə:r] 레이버–
17	**영** 조대왕	영조대왕	Young–jo the Great 영조 더 그레잇
18	**신** 문고	신문고,	Drum of Petition 드럼 어브 페디션
19	**정** 조	정신의, 마음의, 정신병의	⑱ mental [méntl] 멘틀
20	**규** 장각	규장각, 왕실 도서관	Royal Library 로열 라이브레리

초등 저학년

21 **목**민심서	목민심서(백성을 다스리는 마음), 통치자용 지침서	**The Mind Governing the People** 더 마인드 가버닝 더 피플
22 **정**약용	정직한, 진실한, 거짓 없는	형 **honest** [ánist] 아니스트
23 **녹**두장군	녹두장군	**General Mung Bean** 제느럴 멍 비-인
24 **전**봉준	전설, 설화, 전해 오는 이야기	명 **legend** [lédʒ-ənd] 레즌드
25 **순**교	순교자, 희생자	명 **martyr** [máːrtəːr] 마-더-

26	**김** 대건	김, 청태	명	laver [léivə:r] 레이버-
27	**서** 화가무	서화가무(서예, 그림, 노래, 무용)		calligraphy, painting, singing, and dancing 컬리그러삐, 페인팅, 싱잉, 앤 댄싱
28	**황** 진이	황제, 제왕	명	emperor [émpərər] 엠퍼러
29	**못** 살겠다	못사는, 가난한, 빈곤한	형	poor [puər] 푸어
30	**홍** 경래	홍차		black tea 블랙 티

초등 저학년

31	**삼** 일천하	삼일, 삼일동안	**three days** 뜨리– 데이즈
32	**김** 옥균	김, 청태 명	**laver** [léivəːr] 레이버–
33	**안** 중근은	안전벨트	**safety belt** 세이쁘디 벨트
34	**애** 국	애국자, 우국지사 명	**patriot** [péitriət] 페이트리엇
35	**이** 완용은	이리, 늑대 명	**wolf** [wulf] 울쁘

36	**매**국	매국노, 나라를 팔아먹은 사람	명	**betrayer** [bitréiər] 비트레이어
37	**역**사는	역사, 사실, 경력, 이력	명	**history** [hístəri] 히스트리
38	**흐**른다	흐르다, 흘러가다 ; 흐름	동 명	**flow** [flou] 쁠로우

초등 저학년

속 담 인내는 쓰고 열매는 달다.

1	**인** 내는	인내, 참을성, 끈기	명 **patience** [péiʃəns] 페이션스
2	**쓰** 고	쓴, 쓴맛의, 모진, 신랄한	형 **bitter** [bítər] 비터
3	**열** 매는	열매, 과일, 실과	명 **fruit** [fru:t] 뿌루-웃
4	**달** 다	달콤한, 단, 맛좋은, 맛있는	형 **sweet** [swi:t] 스윗

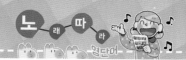

33 한국을 빛낸 100인 5절

별 헤는 밤 윤동주

종두 지석영

삼십삼인 손병희

만세만세 유관순

도산 안창호

어린이날 방정환

이수일과 심순애

장군의 아들 김두한

날자꾸나 이상

황소그림 이중섭

역사는 흐른다

1	**별** 헤는 밤	별, 항성	명 **star** [staːr] 스따-
2	**윤** 동주	윤곽, 테두리, 외형, 약도	명 **outline** [áutlàin] 아웃라인
3	**종** 두	종두, 백신주사, 예방접종	명 **vaccination** [væksənéiʃən] 백시네이션
4	**지** 석영	지식, 학식, 학문	명 **knowledge** [nálidʒ] 날리지
5	**삼** 십 삼인	삼십 삼인 삼십 삼명	명 **thirty-three people** 떠-디-뜨리 피-플

6	**손**병희	손, 팔, (원숭이 따위 의) 앞발	명 **hand** [hænd] 핸드
7	**만**세만세	만세	명 **hurray** [huréi] 후레이
8	**유**관순	유언, 유언서 ; 뜻, 소원	명 **will** [wil] 윌
9	**도**산	도끼	명 **ax** [æks] 액스
10	**안**창호	안마, 마사지	명 **massage** [məsáːʒ] 머사—지

자동암기 평생기억 (Auto-Memorizing Never Forgotten) | 201

11	**어** 린이날	어린이날		**Children's Day** 칠드런즈 데이
12	**방** 정환	방석, 쿠션, 베개, 완충물	명	**cushion** [kúʃən] 쿠션
13	**이** 수일과	이웃, 이웃사람	명	**neighbor** [néibər] 네이버
14	**심** 순애	심부름, 용건, 볼일	명	**errand** [érənd] 에런드
15	**장** 군의	장군, 일반적인	명 형	**general** [dʒénərəl] 제느럴

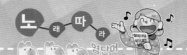

16	**아**들	아들, 자식, 자손	명	son [sʌn] 선
17	**김**두한	김, 풀, 잡초	명	weed [wi:d] 위-드
18	**날**자꾸나	날자! 날아라! 날아보자!		Let's fly! 렛스 쁠라이
19	**이**상	이상한, 낯선, 생소한	형	strange [streindʒ] 스뜨레인지
20	**황**소그림	황소그림		bull picture 불 픽처

초등 저학년

19	중 섭	중심, 중심지, 중앙, 핵심	명	center [séntər] 센터
20	역 사는	역사, 사실, 경력, 이력	명	history [hístəri] 히스트리
21	흐 흐른다	흐르다, 흘러가다 ; 흐름	동 명	flood [flʌd] 쁠러드

34 독도는 우리 땅 1절

울릉도 동남쪽
뱃길따라 이백리
외로운 섬하나
새들의 고향
그 누가 아무리
자기네 땅이라고 우겨도
독도는 우리 땅

1	울릉도	울릉도	UI-lung do Island 울릉도 아일런드
2	동남쪽	동남쪽, 남동	명 southeast [sàuθí:st] 사우띠스트
3	뱃길따라	뱃길, 수로, 항로, 운하	명 waterway [wɔ́:tə:rwèi] 워-러웨이
4	이백리	이백	two hundreds 투- 헌드레즈
5	외로운	외로운, 고독한, 쓸쓸한	형 lonely [lóunli] 로운리

6	**섬**하나	섬, 고립된 지역	명	**island** [áilənd] 아일런드
7	**새**들의	새	명	**bird** [bə:rd] 버-드
8	**고**향	고향, 출생지	명	**hometown** [hóum-tàun] 호움타운
9	**그**누가	그 누가, 누가, 누구	대	**who** [hu:] 후-
10	**아**무리	아무리~ 할지라도	부	**however** [hau-évər] 하우에버

초등 저학년

11	**자**기네	자기네의, 자기 자신의	형	**own** [oun] 오운
12	**땅**이라고	땅, 영토, 영역	명	**territory** [térətò:ri] 테러토-리
13	**우**겨도	우기다, 주장하다, 고집하다	동	**insist** [insíst] 인시스트
14	**독**도는	독도		**Dokdo Island =Solitary Island** 독도 아일런드 =살러테리 아일런드
15	**우**리 땅	우리 땅		**our land** 아우어 랜드

35 독도는 우리 땅 2절

경상북도 울릉군

남면도동 일번지

동경 백삼십이

북위 삼십칠

평균기온 십이도

강수량은 천삼백

독도는 우리 땅

1	경 상북도	경상북도		North Kyeonsang Province 노뜨 경상 프라빈스
2	울 릉군	울릉군		Ul-lung county 울릉 카운티
3	남 면도동	남쪽, 남부	명	south [sauθ] 사우뜨
4	일 번지	일번		number one 넘버 원
5	동 경	동쪽, 동방, 동양	명	east [i:st] 이-스트

6	백백	백, 100	명	hundred [hʌ́ndrəd] 헌드러드
7	삼십이	삼십이		thirty-two [θə́ːrti-tuː] 떠-디 투-
8	북위	북, 북방	명	north [nɔːrθ] 노-뜨
9	삼십칠	삼십칠		thirty-seven 떠-디 세븐
10	평균기온	평균기온 평균온도		average temperature 애브리지 템브러쳐

11 **십**이도	십이도, 12도	twelve degree 트웰브 디그리
12 **강**수량은	강수량, 강우, 강우량 명	rainfall [réinfɔ̀:l] 레인쁘-올
13 **천**삼백	천, 1000 명	thousand [θáuz-ənd] 따우즈-언드
14 **독**도는	독도	Dokdo Island =Solitary Island 독도 아일런드 =살러테리 아일런드
15 **우**리 땅	우리 땅	our land 아우어 랜드

36 독도는 우리 땅 3절

오징어 꼴뚜기
대구 명태 거북이
연어알 물새알
해녀 대합실
십칠만 평방미터
우물 하나 분화구
독도는 우리 땅

1	**오**징어	오징어	명 **squid** [skwid] 스뀌드
2	**꼴**뚜기	꼴뚜기	**small octopus** 스몰 악터퍼스
3	**대**구	대구	명 **codfish** [kádfiʃ] 카드삐시
4	**명**태	명태	**Alaska pollack** 얼래스커 팔럭
5	**거**북이	거북, 바다거북	명 **turtle** [tə́:rtl] 터-를

214 | 어제는 왕초보 오늘은 암기달인 초등 저학년용

6	**연**어알	연어, 연어살빛	몡	**salmon** [sǽmən] 새먼
7	**물**새알	물새	몡	**waterfowl** [wɔ́:tə:rfàul] 워-러빠울
8	**해**녀	해녀		**woman diver** 우먼 다이버
9	**대**합실	대합조개	몡	**clam** [klæm] 클램
10	**십**칠만	십칠, 열일곱	몡	**seventeen** [sév-əntí:n] 세븐티-인

초등 저학년

11	**평**방미터	평방, 제곱, 정사각형, 광장	명	square [skwɛə:r] 스퀘어-
12	**우**물 하나	우물, 샘, 광천	명	well [wel] 웰
13	**분**화구	분화구, 크레이터	명	crater [kréitər] 크레이러
14	**독**도는	독도, 외로운 섬		Dokdo Island =Solitary Island 독도 아일런드 =살러테리 아일런드
15	**우**리 땅	우리나라		our land 아우어 랜드

37 독도는 우리 땅 4절

지증왕 삼십년
섬나라 우산국
세종실록지리지
오십 페이지 셋째 줄
하와이는 미국 땅
대마도는 몰라도
독도는 우리 땅

1	지 증왕	지도자, 리더, 선도자	명	leader [líːdər] 리-더-
2	삼 십년	삼십년		thirty years 떠-디 이어즈
3	섬 나라	섬나라		island country 아일런드 컨츠리
4	우 산국	우산, 보호	명	umbrella [ʌmbrélə] 엄브렐러
5	세 종실록 지리지	세종실록		Annals of King Sejong 애널즈 어브 킹 세종

6	**오**십 페이지	오십 페이지	**page fifty** 페이지 삐쁘디
7	**셋**째 줄	셋째 줄, 세 번째 줄	**third line** 떠-드 라인
8	**하**와이는	하와이 ⑲	**Hawaii** [həwáii:] 허와이-
9	**미**국 땅	미국 땅, 미국 영토	**American territory** 어메리컨 테러토리
10	**대**마도는	대마도	**Daemado Island** 대마도 아일런드

11 **몰**라도	몰라, 어금니 ㉧	**molar** [móulər] 모울러
12 **독**도는	독도, 외로운 섬	Dokdo Island =Solitary Island 독도 아일런드 =살러테리 아일런드
13 **우**리 땅	우리 땅	**our land** 아우어 랜드

38 독도는 우리 땅 5절

러일전쟁 직후에
임자 없는 섬이라고
억지로 우기면
정말 곤란해
신라장군 이사부
지하에서 웃는다
독도는 우리 땅

1	**러**일전쟁	러일전쟁	War between Russia and Japan 워 비튄 러셔 앤 저팬
2	**직**후에	직 후, 바로 후	right after 라이트 애쁘더
3	**임**자 없는	임자 없는, 주인 없는, 부재지주의	형 ownerless [óunərlis] 오우너리스
4	**섬**이라	섬, 고립된 곳	명 island [áilənd] 아일런드
5	**억**지로	억지, 우격다짐, 부당한 주장,	unreasonable claim 언리즈너블 클레임

222 | 어제는 왕초보 오늘은 암기달인 초등 저학년용

6	우기면	우기다, 주장하다, 고집하다	동	**insist** [insíst] 인시스트
7	정말	정말, 참으로, 실로	부	**really** [ríː-əli] 리-얼리
8	곤란해	곤란한, 골치 아픈, 귀찮은	형	**troublesome** [trʌ́blsəm] 츠러블섬
9	신라장군	신라장군		**General of Silla** 제느럴 어브 신라
10	이사부	이사, 이동 ; 이사하다	명 동	**move** [muːv] 무-브

11	**지**하에서	지하, 지하도	명	underground [ˌʌndərˈɡraʊnd] 언더그라운드
12	**웃**는다	웃다, 비웃다	동	laugh [læf] 래쁘
13	**독**도는	독도, 외로운 섬		Dokdo Island =Solitary Island 독도 아일런드 =살러테리 아일런드
14	**우**리 땅	우리 땅		our land 아우어 랜드

국립중앙도서관 출판예정도서목록(CIP)

첫말잇기 초등 저학년 영단어 : 선행학습겸용 : 노래따라 단
어암기·초단기 완성 / 저자: 박남규. -- 서울 : 유빅토리(U
victory), 2016
    p. ;   cm

표제관련정보: 어제 왕초보 오늘은 암기달인 학습법
본문은 한국어, 영어가 혼합수록됨
ISBN 979-11-956951-7-1 03740 : ₩12500

영어 단어[英語單語]

744-KDC6   CIP2015035805